汽车车身覆盖件维修

主 编 蔡晓兵

北京理工大学出版社
BEIJING INSTITUTE OF TECHNOLOGY PRESS

内容简介

本书根据汽车类专业教学标准及从事汽车职业的在岗人员对基础知识、基本技能和基本素质的需求，结合汽车专业人才培养的目的，重点介绍车身维修基础知识、汽车车身构造、汽车车身常用材料、钣金基本工艺、汽车车身前部的修复、汽车车身侧面的修复、汽车车身后部的修复以及汽车车身塑料件的修复等内容。

全书讲解清晰、简练，配有大量的图片，明了直观。本书按照模块化教学的实际需求，理论联系实际，重视理论，突出实操。

本书适合作为职业院校汽车专业教材，也可作为汽车售后服务站专业技术人员的培训教材。

版权专有　侵权必究

图书在版编目（CIP）数据

汽车车身覆盖件维修 / 蔡晓兵主编．—北京：北京理工大学出版社，2018.4
ISBN 978-7-5682-5550-9

Ⅰ．①汽⋯　Ⅱ．①蔡⋯　Ⅲ．①汽车—车体覆盖件—车辆修理　Ⅳ．① U472.4

中国版本图书馆 CIP 数据核字（2018）第 085912 号

出版发行 / 北京理工大学出版社有限责任公司	
社　　址 / 北京市海淀区中关村南大街 5 号	
邮　　编 / 100081	
电　　话 /（010）68914775（总编室）	
（010）82562903（教材售后服务热线）	
（010）68948351（其他图书服务热线）	
网　　址 / http://www.bitpress.com.cn	
经　　销 / 全国各地新华书店	
印　　刷 / 北京佳创奇点彩色印刷有限公司	
开　　本 / 787 毫米 × 1092 毫米　1/16	
印　　张 / 12	责任编辑 / 杜春英
字　　数 / 288 千字	文案编辑 / 党选丽
版　　次 / 2018 年 4 月第 1 版　2018 年 4 月第 1 次印刷	责任校对 / 周瑞红
定　　价 / 41.00 元	责任印制 / 边心超

图书出现印装质量问题，请拨打售后服务热线，本社负责调换

前言 PREFACE

截至 2017 年底，我国汽车保有量已经达 2.17 亿辆。随着汽车电子技术的不断发展，车辆上电控系统的数量不断增多，而且功能也越来越复杂。特别是建立在先进传感技术基础上的故障诊断系统在各种汽车上大量应用之后，各种现代化检测诊断仪器和维修技术也应运而生，现代汽车已发展成为机电一体化的高科技载体。这给汽车维修业带来了极大的机遇和挑战，同时也对汽车维修人员的技术水平提出了更高、更新的要求。

同时，为了解决学生学不懂、学习兴趣不浓，教材内容枯燥乏味，老师不好教等问题，北京理工大学出版社特邀请一批知名行业专家、学者以及一线骨干老师结合新的专业教学标准，规划出版该套图解版汽车职业教育系列教材。

本系列教材坚持如下定位：

◇ 以就业为导向，培养学生的实际运用能力，达到学以致用的目的；

◇ 以科学性、实用性、通用性为原则，使教材符合职业教育汽车类课程体系设置；

◇ 以提高学生综合素质为基础，充分考虑对学生个人能力的提高；

◇ 以内容为核心，注重形式的灵活性，便于学生接受。

本系列坚持理论知识图解化的基本理念，教材配有大量的插图、表格和立体化教学资源，介绍大量的故障诊断、维修服务和营销案例。

◇ 在内容上，强调面向应用、任务驱动、精选案例、严控质量；

◇ 在风格上，力求文字简练、脉络清晰、图表明快、版式新颖；

◇ 在理论阐述上，遵循"必需""够用"的原则，在保证知识体系相对完整的同时，做到知识讲解实用、简洁和生动。

本书共分为八个课题，重点介绍车身维修基础知识、汽车车身构造、汽车车身常用材料、钣金基本工艺、汽车车身前部的修复、汽车车身侧面的修复、汽车车身后部的修复以及汽车车身塑料件的修复等内容。

  本书图文并茂、通俗易懂，适合作为职业院校汽车专业的教材，也可作为汽车售后服务站专业技术人员的培训教材。

  由于作者水平有限，书中可能会有疏漏和不妥之处，欢迎读者批评指正。

编 者

目录 CONTENTS

课题一　车身维修基础知识 ·· 1
任务一　修理人员安全防护 ·· 1
任务二　车身修理车间的安全与布置 ·································· 7
任务三　钣金修复工具与设备 ·· 11
■ 思考与练习 ··· 30

课题二　汽车车身构造 ·· 31
任务一　轿车车身的结构 ··· 31
任务二　重型车车身的结构 ·· 39
任务三　车身的撞击效应 ··· 45
■ 思考与练习 ··· 48

课题三　汽车车身常用材料 ·· 49
任务一　金属材料的基本性能 ·· 49
任务二　金　属　材　料 ·· 54
任务三　非金属材料 ·· 65
■ 思考与练习 ··· 69

课题四　钣金基本工艺 ·· 70
任务一　车身修复的切割与焊接 ··· 70
任务二　车身变形的测量和矫正 ··· 100
■ 思考与练习 ··· 111

课题五　汽车车身前部的修复 ··· 112
任务一　车身前部纵梁损伤的修复 ····································· 112
任务二　车身A柱下部损伤的修复 ····································· 120

■ 思考与练习 ……………………………………………………………… 128

课题六　汽车车身侧面的修复 ……………………………………… 129

任务一　车门刮伤的修复 …………………………………… 129
任务二　车身翼子板损伤的修复 …………………………… 140
任务三　车身车门槛损伤的修复 …………………………… 144

■ 思考与练习 ……………………………………………………………… 149

课题七　汽车车身后部的修复 ……………………………………… 150

任务一　车身后部损伤的修复 ……………………………… 150
任务二　车身损伤修复中的焊接与防锈 …………………… 158

■ 思考与练习 ……………………………………………………………… 164

课题八　汽车车身塑料件的修复 …………………………………… 165

任务一　塑料件的类型与黏结修复 ………………………… 165
任务二　塑料件的焊接修复 ………………………………… 172
任务三　塑料加强件的修复 ………………………………… 178

■ 思考与练习 ……………………………………………………………… 186

课题一 车身维修基础知识

学习任务

1. 掌握各防护工具的功能及穿戴方法。
2. 掌握车身修理工作场地的安全。
3. 掌握工具和设备的安全使用方法。

技能要求

1. 能够对各防护工具进行检查和维护。
2. 能够安全操作各工具和设备。

任务一 修理人员安全防护

一、呼吸系统的防护

在对镀锌钢材进行焊接时产生的焊接烟尘、进行打磨抛光时产生的微尘、清洗部件时挥发的溶剂和喷射防腐剂时挥发的液滴,都会被吸入呼吸系统,对人体产生暂时的甚至永久的伤害。在进行这些操作时都应该佩戴呼吸器。

1. 供气式呼吸器

供气式呼吸器通常包括一个有透明护目镜的头盔和一个外接气源软管。干净的空气通过软管从一个单独的气源泵送到面罩或头盔中。

供气式呼吸器可使操作人员避免吸入对人体有害的空气悬浮物,如添加了固化剂的涂料、异氰酸酯涂料蒸气、烟雾以及溶剂蒸气。供气式呼吸器是最安全的保护方式,建议在喷涂所有类型的底漆、涂料、密封材料和防腐材料时都使用供气式呼吸器。供气式呼吸器如图1-1所示。

2. 滤筒式呼吸器

滤筒式呼吸器（见图1-2）可防止吸入非活性的瓷漆、硝基漆以及其他非氰化物的蒸气和喷雾。这种呼吸保护器由一个适应面形并形成密封的橡皮面具构成。它的结构包括可拆卸的前置过滤器和滤筒（见图1-3），可以去除空气中的溶剂和其他蒸气。此呼吸器还有进气和排气活门，以保证所有进入的空气都通过过滤器。

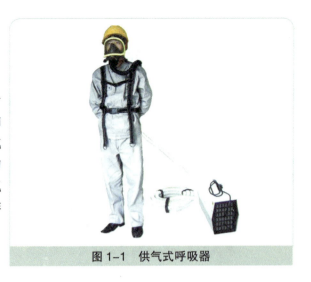

图1-1 供气式呼吸器

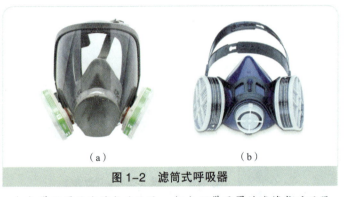

图1-2 滤筒式呼吸器

（a）带面罩的滤筒式呼吸器；（b）不带面罩的滤筒式呼吸器

图1-3 滤筒式呼吸器的结构

使用滤筒式呼吸器时，要将其与面孔贴合以防止污染的空气从漏缝中进入呼吸系统，这一点非常重要。在使用呼吸器之前，应进行定量的配合试验及正压和负压检查。

负压检查即穿戴者将手心放在滤筒上面并吸气来检查负压。若面罩凹陷到穿戴者的脸上，则说明呼吸器与面部配合良好，如图1-4所示。

正压检查即穿戴者盖上呼气阀门并呼气来检查正压。若面罩鼓胀而无泄漏，则说明配合是合适的，如图1-5所示。

图1-4 负压检查

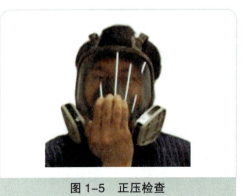

图1-5 正压检查

另一种配合试验方法是将烷基醋酸盐（香蕉水）靠近环绕面孔的封闭罩，如闻不到气味则说明配合是适当的。

这种形式的呼吸器的穿戴者应当注意面部的毛发可能会妨碍面罩的气密性，给穿戴者的健康带来危害。因为面部毛发将妨碍面罩贴紧面部从而影响呼吸器的效能，所以面部毛发多的操作人员应当采用供气式呼吸器。另外，滤筒式呼吸器只适用于通风好的场地，一定不能在含氧量少于19.5%的环境中使用。

滤筒式呼吸器的维护，主要是保持它的清洁，按照制造厂的说明定期更换前置过滤器和滤筒。以下是一些其他的维修要点：

（1）当使用呼吸器发生呼吸困难时，应更换前置过滤器。
（2）至少每周更换一次滤筒，一旦发现有溶剂气味的症状时应及早更换。
（3）定期检查面罩，确定其没有任何破裂或凹痕。
（4）将呼吸器保存在密闭的储存器中。
（5）按照制造厂的说明书进行工作，以保证正确的维修和佩戴。

3. 焊接用呼吸器

焊接用呼吸器上有一个特殊的滤筒，用来过滤焊接的烟尘。在对镀锌钢材进行焊接时，产生的焊接烟尘和锌蒸气会对人体产生非常大的伤害。焊接用呼吸器如图1-6所示。

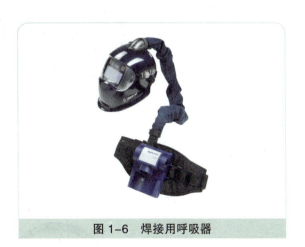

图1-6 焊接用呼吸器

4. 防尘式呼吸器

防尘式呼吸器一般是用多层滤纸制作的廉价纸质过滤器，它能够阻挡空气中的微粒、粉尘进入人的鼻腔、咽喉、呼吸道和肺部。在进行打磨、研磨或用吹风机吹净板件时会产生大量的粉尘，应佩戴防尘式呼吸器。防尘式呼吸器如图1-7所示。

图1-7 防尘式呼吸器

二、头部的防护

车身修理人员在进行修理操作时要戴上安全帽，防止灰尘或油污的污染，以保持头发的清洁。在车下作业或者进行拉伸校正操作时要戴硬质的安全帽，防止碰伤头部。头发不要过长，工作时要把头发放入安全帽内。安全帽的佩戴如图 1-8 所示。

图 1-8　安全帽的佩戴

三、眼睛和面部的防护

在进行修理操作时，大部分都要求佩戴防护眼镜、风镜、面罩、头盔等眼睛和面部的保护装置。防护眼镜能在进行锤击、钻孔、磨削和切削等操作时保护眼部。在进行可能会造成严重面部伤害的操作时，仅戴防护眼镜无法提供足够的保护，应佩戴全尺寸防护面罩。

四、耳的防护

在高噪声场所工作时需要佩戴耳塞或耳罩（见图 1-10）等耳朵保护装置。使用气动錾、气动锯等切割工具，打磨或者敲打钢板时都会发出尖锐的噪声，若不采取适当措施，足以将人耳震聋。所以必须戴上耳塞或耳机护套，以保护耳膜不受噪声的伤害。焊接时佩戴耳塞或耳罩还可以防止熔化的金属溅入耳内。

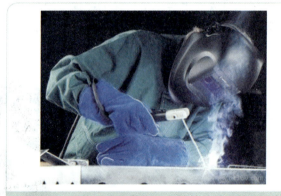

图 1-9　焊接时应佩戴有深色镜片的护目镜或头盔

如图 1-9 所示，在进行保护焊、等离子弧切割或氧乙炔焊操作时应佩戴有深色镜片的护目镜或头盔。头盔能保护面部免受高温、紫外线或熔化金属的灼伤，深色镜片能保护眼睛免受过亮光线或电弧紫外线的伤害。

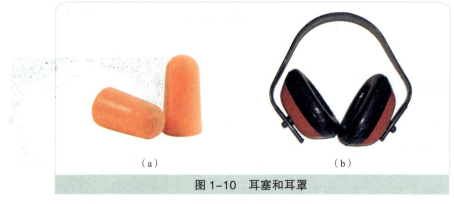

（a）　　　　　　　　（b）

图 1-10　耳塞和耳罩

（a）耳塞；（b）耳罩

五、身体的防护

在车间内应穿着合格的连体工作服，不能穿着宽松的衣服、未系袖扣的衬衫、松垂的领带以及披着的衬衫。衣物应远离发动机等运动部件，宽松、下垂的衣物都可能被绞入运动部件，造成严重的身体伤害。在工作前应摘除佩戴的饰物。

在焊接时，裤长要能盖住鞋头，防止炽热的火花或熔化的金属进入鞋子。下身通常可穿上皮质的裤子、绑腿、护脚来防止熔化的金属烧穿衣物，上身的保护服包括焊工夹克或皮围裙。

如果化学物品（如清洁溶剂、还原剂、稀释剂、油漆清除剂等）溅到衣服上，应立即脱掉衣物。

这些化学物品一旦接触皮肤，可能会造成疼痛、发炎、皮疹或者严重的化学烧伤。因此，焊接时要穿专用的焊接工作服，如图1-11所示。

图1-11 焊接工作服

六、手的防护

为防止溶液、底漆及外层涂料对手的伤害，可以戴上手套。在焊接时应戴上皮手套，防止手被熔化的金属烧伤。手套的选择可参考手套材料安全数据表。在离开工作场地时要彻底洗手，洗手时建议使用适当的清洁剂，不要将稀释剂当清洁剂使用，以防止吸收任何有害的成分。焊接用皮手套如图1-12所示。

图1-12 焊接用皮手套

七、腿和脚的防护

在车间工作时最好穿鞋头有金属片的、防滑的安全鞋。金属片可以保护脚趾不会被重物砸伤，优质的工作鞋穿着舒适并能够在站立和行走中支撑足弓。

焊接时最好穿绝缘鞋，防止触电事故的发生。在腿部和脚部最好有焊接护腿和护脚保护。操作时有时可能会跪在地上，时间长了会引起膝盖损伤，所以最好佩戴护膝。腿和脚的防护如图1-13所示。

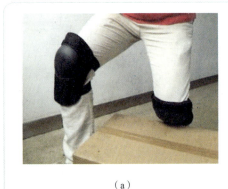 

(a)   (b)

图1-13 腿和脚的防护

(a) 腿的防护；(b) 脚的防护

八、个人安全准则

 掌握信息

读懂产品标签上和制造厂说明书上的注意事项以及一些特定产品的安全数据表等详尽资料，它包括危害性成分资料和应采用的防护措施等重要信息。

 防尘防污

在进行车身修复作业时，会有灰尘和污物飞入空中，戴安全眼镜或防尘镜可以保护眼睛。在打磨、喷砂或处理溶液时，注意不要让衣服接触到，戴头罩可以保护头皮和头发，防尘面具可以防止吸入灰尘和微粒。

 压缩空气吹洗过程

用气枪吹洗门的侧壁和其他难以达到的地方时，应戴上眼镜保护装置和防尘面具。

 金属处理过程

由于金属调理剂含有磷酸，所以吸入或接触到这种化学物质会引起发炎。在使用这些材料时，建议使用安全镜（防止溅沫进入眼睛）、工作服、橡胶手套及经批准的有机气体呼吸器。

 配制和操作过程

配制表面涂料时，应在远离存放点或通风良好的地方进行。打开储罐或搅拌时，涂料可能会溅出，为防止溅入眼睛，应戴上防护镜。在使用有毒有害涂料及辅料时必须小心操作，如与眼睛、口腔和其他身体裸露部分接触应马上用大量清水冲洗，并请医生处理。

 防止恶作剧

有些事情，如用空气喷枪打闹、用工作小车进行比赛或是开玩笑，在工作场地是绝对禁止的。

 抬起和搬运物品

抬起和搬运物品时，应弯曲膝部而不能弯背，也不要弯曲腰部。当抬起和搬运重物时，必须用合适的设备进行提升和移动。

任务二 车身修理车间的安全与布置

一、修理车间驾驶车辆的安全

在修理车间驾驶车辆时，应注意下列安全事项：

（1）小心驾驶。在车间内应慢速驾驶并始终保持有一个车窗是开着的，让驾驶人更容易听到同事发出的警示。车辆在车间内移动时要按规定的路线行驶。

（2）细心观察车辆行驶方向的状况。在车间移动车辆时，应查看各个方向，确保没有人或物品挡住道路。并要特别注意正在车底作业的人员是否把他们的腿和脚伸到行驶路线上。

（3）安全固定所有的车辆。在对车辆进行作业时应拉起驻车制动器，如果车辆为自动变速器，则应置于驻车挡；如果车辆为手动变速器，则挂入空挡。最好用楔形木块垫住轮胎，以防止车辆移动。

（4）避免接触旋转中的部件。修理中不要穿着宽松的衣服，衣物、身体应远离运动部件，特别是散热器风扇叶片和传动带。传动带很容易将手指、头发绞入传动轮，造成手指折断或更严重的伤害。

（5）点火钥匙转到关闭位置。如果钥匙位于打开位置而变速器又挂着挡，在转动发动机曲轴时，发动机可能会起动。

（6）紧固件要重新适当地安装。所有的螺栓、螺母、锁环以及其他紧固部件对于车辆的安全操作都至关重要。紧固时必须遵守操作规范，要使用扭力扳手拧紧悬架、转向系统、车轮的螺母或螺栓。

（7）为了防止发动机转动时燃油泵工作，要拔掉进油管上的泄压阀，并防止管路中的燃油泄漏。

（8）手指远离处于拉伸状态的弹簧。发动机罩和车门的铰链弹簧非常有力，注意手指不要被弹簧夹伤或割破。

二、修理车间的消防安全

1. 防火

车身修复过程中需用到各种溶液来清洗表面和设备，以及稀释表面涂料。这些溶液是非常易燃的，它们的蒸发烟雾很容易引起猛烈的燃烧。下面的安全做法将有助于防止火灾和爆炸：

（1）不要在易燃物旁点火和抽烟。在允许吸烟或有明火的其他场地点火或抽烟时，要确保手和衣服上没有可燃溶液。

（2）在由高度易燃性液体产生的高浓度蒸气的场所，应严加控制和监视火源，以防火灾发生。

（3）输送桶装溶剂时要用专用的泵通过桶上的孔抽送。沾有涂料或溶剂的棉纱、抹布等物应放入带盖的金属厢（桶）内，严禁乱扔，并要及时处理。

（4）要保持所有的溶液容器关闭并标记清楚。

（5）运送溶剂或溶液时避免溢出。用散装容器运送易燃溶剂时，要特别小心。最重要的是溶剂桶必须接地，并且要用导线将桶与安全罐连接起来（见图1-14），否则产生的静电将引起火花，进而导致爆炸。

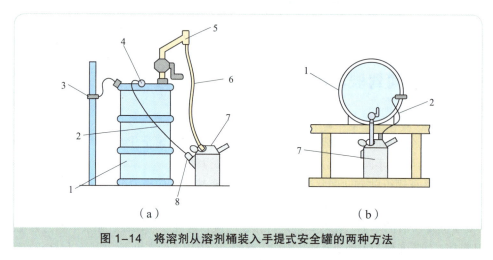

图1-14 将溶剂从溶剂桶装入手提式安全罐的两种方法

1—漆或溶剂桶；2—连接线；3—接地管；4—螺钉夹紧器；
5—输送泵；6—软管；7—安全罐；8—弹簧夹

（6）按照地方法规的规定，定期报废或清洗所有空的溶剂容器。这些容器底部残余的溶剂蒸气是重要的火源。切勿用汽油作清洗剂。

（7）用于车身和喷漆的漆料、稀释剂、溶剂和其他易燃液体，必须存放在经过批准的金属柜中，储存室需充分地通风。

（8）所有易燃和易爆液体的桶和管道的连接器必须是气、液封严，不泄漏的。输送涂料、溶剂、稀释剂的管道应连接完好，严禁滴漏。

（9）进行焊接和切割时，将产生非常高的热量及火星。切勿在油漆、稀释剂或其他易燃液体或材料旁进行焊接和切割。切勿在蓄电池旁焊接或打磨，因为蓄电池在充电时可产生氢气，从而存在可能爆炸的大气环境。

（10）焊接或打磨作业靠近燃油管时，要用湿布把它们盖住并封严。靠近油箱的框架和底板损坏需要维修时，必须卸下油箱。油箱卸下后，应将它和汽油安全放置。

（11）焊接和切割作业靠近汽车内部时，应卸下车座和底垫，若不卸下，则要用湿布或焊接罩盖上。

（12）工作场地应放置足够数量的消防器材，并定期检查，保证其处于有效状态。

2. 灭火器的使用

燃烧的三个基本要素是热量（温度）、易燃物和氧气，只要使三个要素中的一个缺失就能熄灭火焰，防止火灾的发生。

在车间一般都要配备水龙头、灭火器、防火沙等灭火材料。

多用途的干粉灭火器可扑灭易燃物、易燃液体和电气火灾,车间都应该配备一些多用途灭火器。操作说明印在每个灭火器的上面,但是在紧急情况下,可能没有时间阅读标签,所以必须在紧急情况发生之前就要掌握灭火器的使用方法。

灭火器是通过将火源降温并隔离空气来灭火的。使用灭火器时,应站在距离火源2～3 m的地方,首先拔掉手柄上的保险销,牢牢握住灭火器,将喷嘴对准火焰的根部,然后挤压手柄,将灭火剂喷入火焰中,将其熄灭,如图1-15所示。在发生火灾时,不要打开门窗,以防空气流动使火势加大。

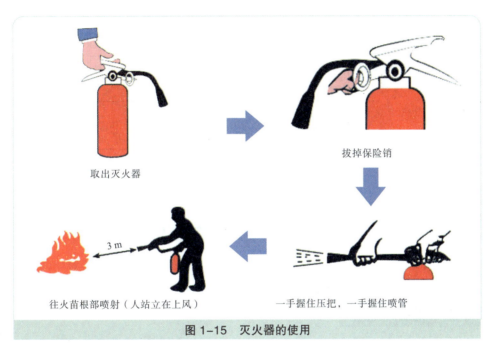

图1-15 灭火器的使用

灭火器应该定期检查、定期重新加注灭火剂。灭火器要摆放在车间的固定位置,并要有明显的标志。

三、修理车间的布置

1. 工作区布置

车身修理车间主要完成车身的修复和涂装两项工作,工作区分为车身修复工作区(钣金工作区)和涂装工作区(喷漆工作区),如图1-16所示。

车身修复工作区一般分为钣金加工检查工位、钣金加工校正工位、车身校正工位和材料存放工位等。

在车身修复工作区要完成事故车辆检查、车辆零部件拆卸、板件修理、车身测量校正、车身板件更换和车身装配调整等工作。

车身测量校正、板件修理、车身装配调整工作一般在一个固定的工位进行,即在车身校正仪上完成这些工作。车身校正工位是车身修复工作区最重要的工位,同时也是完成工作最多的工位。

此工位要放置一台车身校正仪,车身校正仪平台的长度一般为 5~6 m,宽度一般为 2~2.5 m。为了有足够的安全操作空间,在车身校正仪平台外围至少要有 1.5~2 m 的操作空间,所以车身校正工位的长度一般为 8~10 m,宽度一般为 5~6.5 m。

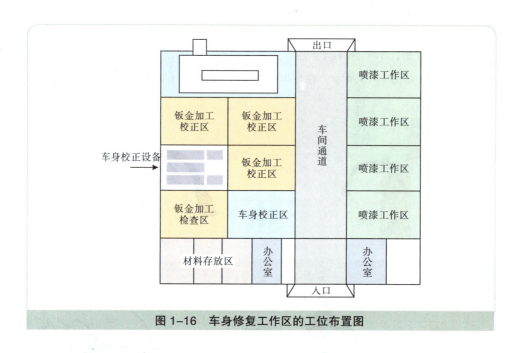

图 1-16　车身修复工作区的工位布置图

2. 气路、电路布置

由于车身修复工作区的工作要使用压缩空气和电,所以气路和电路的布置是否合理非常重要。

修理车间内压缩空气的压强一般为 0.5~0.8 MPa。一般车间使用一个压缩空气站,在各个工位都有压缩空气接口。管路沿着墙壁布置,也可以布置在靠近车间顶板的位置,而压缩空气接口的布置高度应不超过 1 m。在每个工位至少要留 2 个接口,并在每个接口上安装开关,然后再安装 1~2 个快速接头。从主气管路分流到各工位的分管路的连接要通过一个三通阀完成,三通阀分流出的气路要朝上布置,以防止主管路冷凝的油、水流入分管路。车身修复工作中使用的压缩空气要求干燥、干净,在各个出气口要安装油水分离器,以分离压缩空气中的水、油及其他杂质,油水分离器在使用前要排水,滤芯要定期更换。使用不清洁的空气不仅会导致气动工具和设备过快磨损、老化,而且会使其故障率升高,使用寿命缩短。

车身修复的焊接工作用电量很大,特别是气体保护焊和电阻点焊焊接,气体保护焊焊接时的电流不能小于 15 A,而大功率的电阻点焊机焊接时的电流为 30~40 A。在车身校正工位附近应该设置一个专用的配电箱供车身修复焊接用电,配电箱的位置距离车身校正仪不能超过 10 m,否则焊机接线过长会引起线路过热。

在每个车身修复工位要留出至少 2 个三孔的插座(不小于 15 A),每个插座要保证接地良好。

任务三　钣金修复工具与设备

一、汽车钣金修复手动工具

对汽车车身表面的凹凸处进行修复的手动工具（见图1-17），是汽车钣金维修作业的工具之一，其包括：

（1）用于修整平滑的钢板表面及水平线成形的钣金锤。
（2）用于修整平滑的钢板表面及垂直线成形的钣金锤。
（3）用于敲落钢板表面小凸点的钣金锤。
（4）用于冲圆心或钻孔时冲心眼的样冲。
（5）用于钢板固定形状和外形修整的各种顶铁与钣金锤等。
（6）用于龙门架、前轮罩等拉拔矫正钢梁的整形套装。

图1-17　对汽车车身表面的凹凸处进行修复的手动工具

1. 钣金锤子

车身修理要用到许多不同的钣金锤，这些钣金锤专门为金属成形作业而制成特殊的形状。

1）球头锤

球头锤是一种在所有钣金作业都使用的多用途工具，如图1-18（a）所示。它用于校正弯曲的基础构件、修平部件和钣金件粗成形阶段。球头锤的质量一般为290～450 g。

2）橡皮锤

图 1-18（b）所示为典型的橡皮锤。用橡皮锤轻轻地捶击不会损坏喷漆表面。橡皮锤主要用于修整表面微小的凹陷，而不损坏表面的光泽。它也是软面锤，其一端是硬面的（钢制），另一端是软面的，可更换橡皮头，适用于修理铬钢件或其他精密部件。

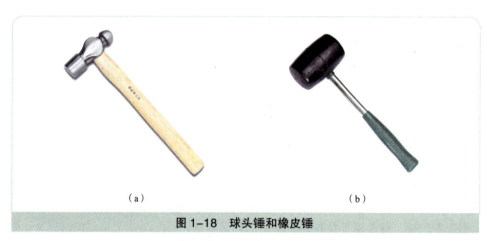

图 1-18 球头锤和橡皮锤

（a）球头锤；（b）橡皮锤

3）镐锤

镐锤是专门维修小凹陷用的工具。镐锤的尖顶用于将凹陷敲出，其平端头与顶铁配合作业可以去除微小的凸点和波纹。各种规格的镐锤如图 1-19 所示。使用镐锤时要小心，若用力过猛，其尖顶端可能戳穿车身的钢板。镐锤不能用于修复大的凹陷表面。

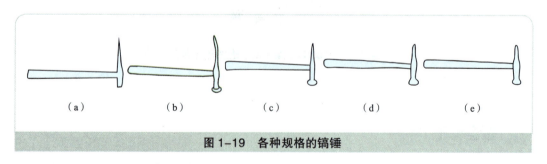

图 1-19 各种规格的镐锤

（a）长锥尖；（b）长弯曲锥尖；（c）短锥尖；（d）短子弹头尖；（e）短錾头尖

4）铁锤

铁锤用于修整钣金件，使之大致回到原形。此类铁锤的手柄较短，适用于空间较小的钣金作业，如图 1-20（a）所示。

5)冲击锤

冲击锤的锤头形状一端是圆形，锤顶的表面近乎是平的，如图1-20（b）所示。这种锤顶面大，打击力散布在较大面积上，适于矫正凹陷板面的初始作业或加工非表露的板件。对于变形大的凹陷表面，用冲击锤另一端，即凸起顶面敲击下凹的金属下表面，使之逐渐恢复平整。

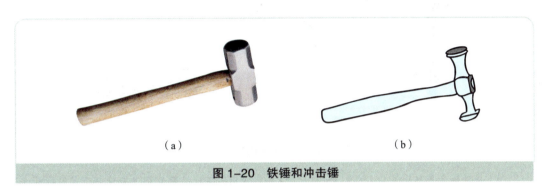

图1-20　铁锤和冲击锤

（a）铁锤；（b）冲击锤

6)精修锤

用冲击锤去除凹陷之后，再用精修锤精修外形。图1-21所示为各种常用的精修锤。精修锤的锤面较冲击锤小。锤面隆起的锤头适用于修平表面微小的高凸点和波纹的顶端。带有锯齿面或交错缝槽面的精修锤，适用于表面收缩作业，以便修整被过度捶打而产生的延伸变形。

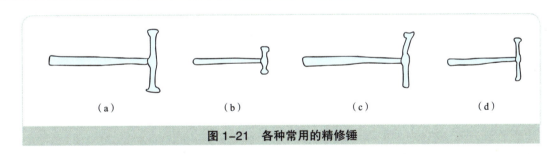

图1-21　各种常用的精修锤

（a）圆头锤；（b）收缩锤；（c）偏置冲击锤；（d）重头锤

下面具体介绍钣金锤的操作方法。

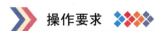

操作要求

（1）通过训练掌握钣金锤的使用方法。
（2）使用前应擦净锤面及手柄上的油污，以免滑脱伤人。
（3）检查手柄是否松动，以免锤头脱出造成事故。

课题一　车身维修基础知识

操作步骤

钣金锤的正确使用方法如图1-22所示。

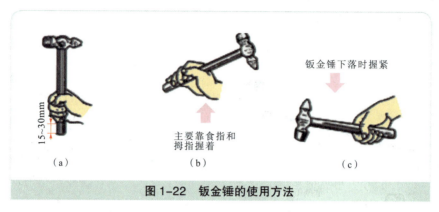

图1-22　钣金锤的使用方法

(a)握住钣金手柄全长1/4的位置；(b)主要靠食指和拇指握着；(c)钣金锤下落时握紧

步骤1

用手轻松握住钣金锤手柄的端部（相当于手柄全长1/4的位置）。

> 说明：握锤时锤柄下面的食指和中指应适当放松；小指和无名指应相对紧一些，使之形成一个比较灵活的转轴。

步骤2

捶击工件时，眼睛应注视工件，找准捶击落点。

> 说明：捶击作业质量的关键在于落点的选择，一般应遵循"先大后小、先强后弱"的原则，从变形较大处起顺序敲打，保证锤头以平面落在金属表面。同时还要注意钣金件的结构强度，有序排列钣金锤的落点。

步骤3

用手腕摇动的方法轻轻敲击车身构件表面，并利用钣金锤敲击零件时产生的回弹力做圆周运动。

2. 顶铁

顶铁是一种手持的铁砧，与钣金锤配合进行钣金修理作业，如图 1-23 所示，也称为垫铁或衬铁。

图 1-24 所示为各种不同形状的顶铁。每种形状的顶铁适用于车身表面特定形状的凹陷或外形的修整。顶铁的形状与面板外形的配合是十分重要的。

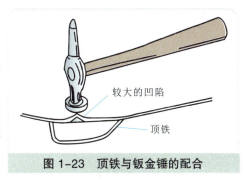

图 1-23 顶铁与钣金锤的配合

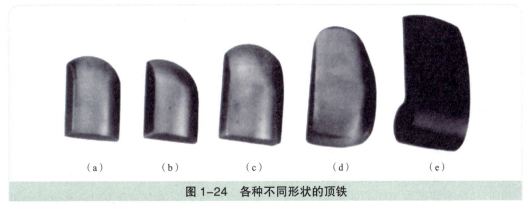

图 1-24 各种不同形状的顶铁

用顶铁法修整可分为偏托和正托两种方式。偏托法是直接用顶铁抵住最大凹陷处，使用木槌敲击凹陷周围产生的隆起变形，即深入浅出地由最大凹凸变形处开始敲平，如图 1-25（a）所示。用偏托法修整平面，一般不会造成板件伸展，因为顶铁击打的是板料反面的凹陷处，而锤子击打的则是板料正面的鼓凸部位。

当局部凹凸变形被修平至一定的程度时，应改用图 1-25（b）所示的正托法进一步敲平。正托法是将顶铁直接顶在板料背面不平的位置上，同时用钣金锤将顶铁位置正面敲平。由于钣金锤的敲击作用会使顶铁发生轻度回弹，在钣金锤敲击的同时顶铁也将同时击打板料。此时，顶铁垫靠得越紧，则展平的效果也越好。

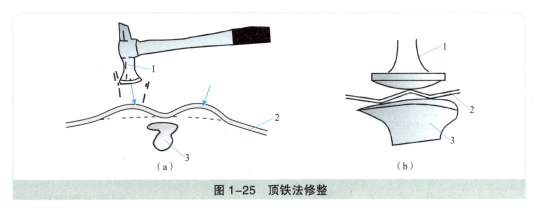

图 1-25 顶铁法修整

（a）偏托法；（b）正托法
1—木槌，钣金锤；2—板料；3—顶铁

顶铁法敲平的工序如图 1-26 所示。所用顶铁的端面形状应与被修正面板的形状吻合。

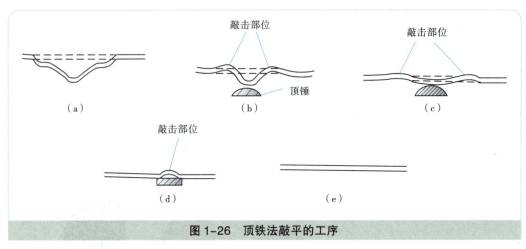

图 1-26 顶铁法敲平的工序

（a）修复前；（b）第一次敲击部位；（c）第二次敲击部位；
（d）最后敲击部位；（e）修复后

3. 匙形铁

匙形铁是车身修理的特殊工具，主要用于抛光金属表面，所以也叫修平刀，如图 1-27 所示。将匙形铁贴紧待修表面，再捶打匙形铁，对表面某些微小、划伤部位恢复原状特别有效，如图 1-28 所示。不同的匙形铁可与不同的面板形状匹配使用。当面板背面的空间有限时，匙形铁也可当作顶铁使用，如图 1-29 所示（图中箭头表示施力点）。

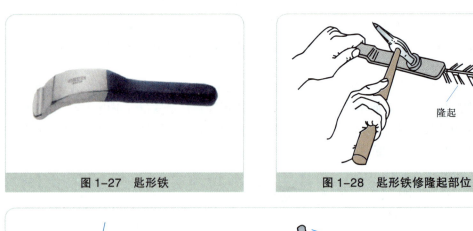

图 1-27 匙形铁　　　　图 1-28 匙形铁修隆起部位

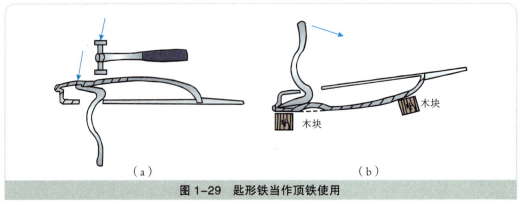

图 1-29 匙形铁当作顶铁使用

（a）作撬板用；（b）直接顶起

4. 锉刀

车身锉刀用于修整锤子、顶铁和匙形铁等钣金工具作业留下来的凹凸不平的痕迹。锉刀的外形如图 1-30 所示。

下面介绍车身锉刀的使用方法。

当所锉部位比较平时，以 30°握锉刀直推，如图 1-31（a）所示；或直握锉刀偏 30°斜推，如图 1-31（b）所示。

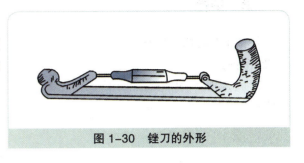

图 1-30 锉刀的外形

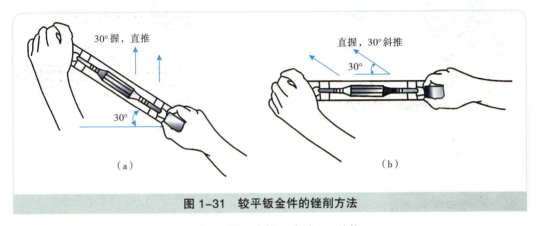

图 1-31 较平钣金件的锉削方法

（a）30°握，直推；（b）30°斜推

要求： 在图 1-31 中，左手握住锉刀前端控制向下的压力及方向，向前的工作行程尽可能长一些，回程时握住手柄把锉刀在金属上方往回拉。

锉削凸起的表面，沿曲率最小的弧面母线方向握住锉刀直推，如图 1-32（a）所示；或者以等于或小于 30°进行侧推，如图 1-32（b）所示。

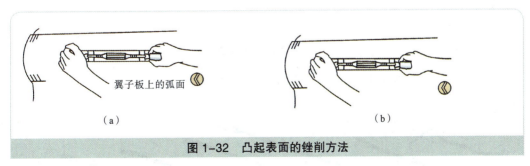

图 1-32 凸起表面的锉削方法

（a）锉刀握持方向与曲率最小的弧面母线方向相同，直推；
（b）锉刀握持方向与曲率最小的弧面母线方向相同，推进角为 30°或小些

5. 铆枪

铆接是车身修理作业不可缺少的工艺，用弹射铆枪进行铆接是十分方便的。图 1-33 所示为电动抽芯铆枪。

图 1-34 所示为铆接过程示意图。先将铆钉组件插入被连接件的通孔中，用铆钉器将外伸的铆钉杆拉断，铆接即告成功。

图 1-33　电动抽芯铆枪

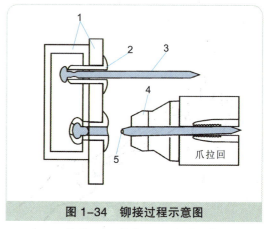

图 1-34　铆接过程示意图

1—工作件；2—铆钉；3—钉头顶杆；
4—铆钉器；5—顶杆断开落下

6. 夹具与撬具

在钣金修理中，对部件进行整形、板料折边或固定划线等加工经常用到各种夹具，如图 1-35 所示。为完成某一特定形状的板件而使用的各种撬具如图 1-36 所示。

图 1-35　各种夹具

（a）尼龙夹；（b）塑料圆钢快速夹紧器；（c）多用台虎钳夹

图 1-36　各种撬具

7. 凹坑拉出器和拉杆

对于密封型车身面板的凹陷，无法利用现成的孔洞使用撬镐撬起时，可采用凹坑拉出器或拉杆进行修理，此时需在表面皱褶处钻孔。凹坑拉出器如图 1-37 所示，拉出器的顶端呈螺纹尖端形式或呈钩状形式。螺纹尖端可以旋紧在孔中，利用套在杆中部的冲击锤向外冲击手柄端面，同时向外拉手柄，可以慢慢拉起凹点。利用拉杆也可以修复凹坑。将拉杆的弯钩放入所钻的孔，钩住凹坑两侧向外提拉（见图 1-38 和图 1-39），视具体情况在周围轻轻捶击，将凹坑拉起，同时敲打其隆起点，如图 1-40 所示。经整平后用气焊修补孔洞，喷漆复原。使用钣金吸盘可即时修复凹坑，如图 1-41 所示。

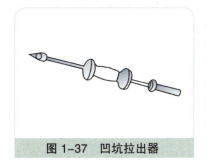

图 1-37 凹坑拉出器

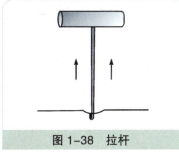

图 1-38 拉杆

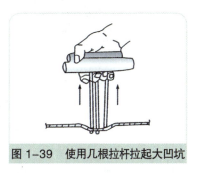

图 1-39 使用几根拉杆拉起大凹坑

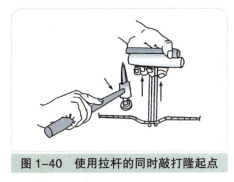

图 1-40 使用拉杆的同时敲打隆起点

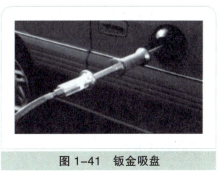

图 1-41 钣金吸盘

8. 金属切割工具

手动剪刀（见图 1-42）分为手剪刀和台式剪刀，一般用于某种条件下单件生产或半成品的修整工作。手剪刀只能剪切厚度为 0.8 mm 以下的金属板料，而台式剪刀可以剪切厚度为 1.5～2 mm 以下的板料。

(a) (b)

图 1-42 手动剪刀

(a) 手剪刀；(b) 台式剪刀

手动剪切方法有以下几种。

1）直线的剪切方法

直线的剪切方法如图1-43所示。剪切短料直线时，被剪去的那部分，一般都放在剪刀的右面。

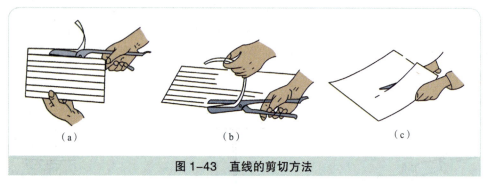

图1-43 直线的剪切方法

（a）剪切短料；（b）剪切长料；（c）剪切板料

注：

左手拿板料，右手握住剪刀柄的末端。剪切时，剪刀要张开大约2/3刀刃长。上、下两刀片间不能有空隙，否则剪下的材料边上会有毛刺。剪切长或宽板材料的长直线时，必须将被剪去的部分放在左面，这样使被剪去的部分容易向上弯曲。

2）外圆的剪切方法

外圆的剪切方法如图1-44所示。剪切外圆时，应从左边下剪，按顺时针方向剪切，边料会随着剪刀的移动而向上卷起。若边料较宽时，可采取剪直线的方法。

图1-44 外圆的剪切方法

3）内圆的剪切方法

内圆的剪切方法如图1-45所示。剪切内圆时，应从右边下剪，按逆时针方向剪切，边料会随着剪刀的移动而向上卷起。

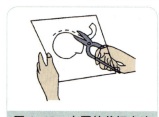

图1-45 内圆的剪切方法

4）厚料的剪切方法

厚料的剪切方法如图1-46所示。剪切较厚板料时，可将剪刀夹在台虎钳上，在上柄套上一根管子、右手握住管子，左手拿住板料进行剪切。也可由两人操作，一人敲，一人持剪刀和板料。

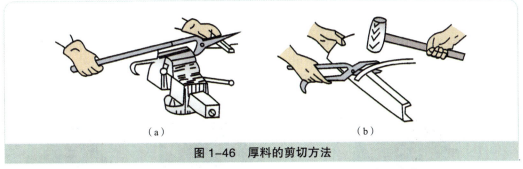

图 1-46 厚料的剪切方法

(a) 在台虎钳上用剪刀剪切厚料;(b) 用敲击法剪切厚料

9. 锯割工具

目前钣金件修理中多使用可调式手锯,如图 1-47 所示。锯弓可分为两段,前段可在后段中伸出或缩入,可安装不同长度的锯条,通常有 200 mm、250 mm 和 300 mm 三种规格的锯条。

可调式手锯的使用步骤如下。

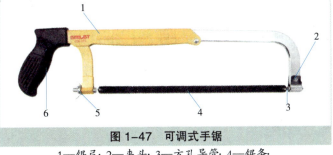

图 1-47 可调式手锯

1—锯弓;2—夹头;3—方孔导管;4—锯条;
5—蝶形螺母;6—手柄

步骤 1

目前常用的锯条长度为 300 mm(锯条两端小圆孔的中心距)、宽度为 10 mm、厚度为 0.6 mm。按齿距大小可分为粗、中和细三种规格。锯割硬度不高的材料时,如软钢、铝、纯铜或塑料等,应选用粗齿锯条;锯割时锯齿容易切入,且锯屑较多,需要有较大的容屑空间容纳锯屑。细齿锯条可用来锯割一些硬金属和板材,如型钢、薄壁管和角钢等,锯割时硬金属不易被锯齿切入,锯屑量少而碎,锯齿不易堵塞。需要注意的是,在锯割时至少要有三个齿在锯割面上工作,以保证锯割顺利进行。

步骤 2

要想锯割工具在使用中能稳定操作,在安装锯条时,必须注意以下三个事项:

(1)安装锯条时,锯条应向前,使手锯在向前推进时才能起切割作用。

(2)锯条安装的松紧度应适中,保证锯条既有弹性又不至于扭曲。

(3)锯条两端圆孔靠在销钉根部,再拧动蝶形螺母,这样可使锯条自动靠正,使用中不至于松动。

步骤 3

将工件夹持在台虎钳上,锯缝应靠近钳口处,以免切割时工件颤动。

步骤 4

右手紧握锯柄,左手握持前端弓架,如图 1-48 所示。

步骤 5

起锯时,锯齿与工件表面约成 15°,且锯齿面应保持在三个齿以上,如图 1-49 所示。

图 1-48 手锯握持方式

图 1-49 起锯的方法

(a)在工件前起锯;(b)在工件后起锯

步骤 6

锯割时,右手推动手锯,左手向下略施压力,并扶正锯弓做往复运动;后拉时,左手使锯的前端微向上提,使锯条和工件倾斜成一定的角度,以减少锯齿的磨损。

步骤 7

锯割速度一般以每分钟往复 30 次左右为宜,但还应考虑工件的材料。对于较软金属宜稍快,而硬金属宜慢些。锯条在运行过程中应充分发挥其全长的作用,以提高锯割效率和锯条的使用寿命,一般推拉标准约为锯条全长的 3/4。

二、汽车钣金修复动力工具

1. 气动工具

1)气动钻

气动钻用压缩空气作为动力,驱动气动马达转动,从而达到钻孔的目的。去除焊点的气动钻如图 1-50 所示。切开焊点时,钻机应固定在焊接的地方,利用钻头将焊点切除。

图 1-50 去除焊点的气动钻

(a)定位型;(b)专用型

2)气动钣金切割锯

切割钢板,可采用如图 1-51 所示的喷气式金属切割机和气动钣金切割锯(切割厚度为 1.6 mm 以内)。

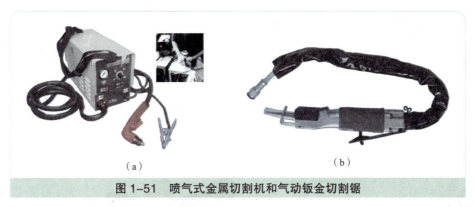

图 1-51 喷气式金属切割机和气动钣金切割锯

(a)喷气式金属切割机;(b)气动钣金切割锯

3)气动钣金牵引器

对于大面积凹陷变形的钣金表面可使用气动钣金牵引器(见图 1-52)整形,可即时修复凹坑,且不伤漆面。

4)气动铲

对焊接时留下的焊渣、铁锈和毛刺等,可采用如图 1-53 所示的气铲套装和磨光机配砂碟进行磨削。

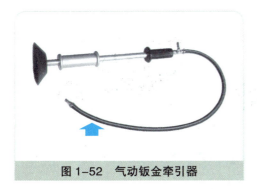

图 1-52 气动钣金牵引器

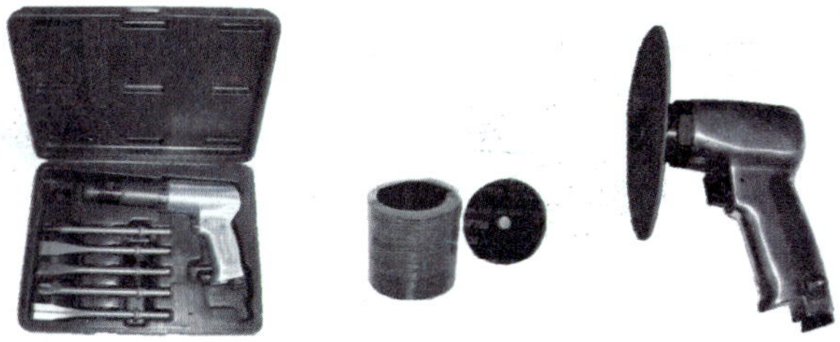

图 1-53 气铲套装、砂蝶及磨光机

(a)气铲套装;(b)砂蝶;(c)磨光机

5)气动剪

气动手提式振动剪简称气动剪,如图 1-54 所示。其特点是体积小,质量小,操作灵活轻便。气动剪主要用于体积大或外形粗笨,而又不便于使用固定剪切设备的金属钣金构件,尤其对于预先成形的工件，剪切孔洞特别便利。剪板时，将铁板略微垫起，使气动剪前进时不受阻碍即可。其功率为 0.21 kW，使用气压为 490 kPa。气动剪的最大剪切厚度为：普通热轧钢板可达 2 mm，铝板可达 2.5 mm；最小剪切曲率半径为 50 mm。

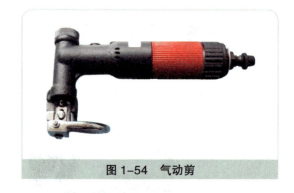

图 1-54　气动剪

6）气动打磨机

气动打磨机一般用于喷漆车间。气动打磨机有两种：盘式打磨机和轨道式精打磨机。盘式打磨机有单一运动盘式打磨机［见图 1-55（a）］与复合作用打磨机［见图 1-55（b）］两种，它们适用于粗打磨。

图 1-55　气动粗打磨机及其运动轨迹

（a）单一运动盘式打磨机及其运动轨迹；（b）复合作用打磨机及其运动轨迹

打磨的方法如图 1-56 所示，应使砂轮片的 1/3 表面与被加工表面接触，其研磨效果最好。因为当砂轮片与研磨面接触角度过大时，则砂轮片仅有小部分与金属板发生强力研削，将留下粗糙的加工面；当砂轮片与研磨面平行接触时，又会因研磨阻力大而造成动作不稳，将留下凹凸不平的加工面。

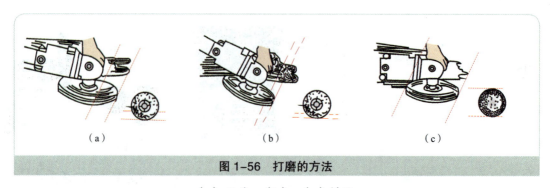

图 1-56　打磨的方法

（a）正确；（b），（c）错误

打磨的具体操作如下。

步骤 1

右手抓住打磨机前面把手，左手抓住后面把手，启动开关。

步骤 2

在金属表面开始打磨。

步骤 3

砂轮片经研磨作业而使其外侧磨料逐渐脱落,脱落后可采用适当方法去掉外侧磨损部分,减小砂轮片的尺寸后继续使用。此外,在研磨小的凹坑处或带孔部位时,可使砂轮片沿八角形轨迹运动。

2. 电动工具

前面提到的各种气动工具也可以用电作为动力,成为电动工具。电动工具在汽车钣金修复过程中使用比较普遍,单用的电动工具有以下几种:

1)电动剪

电动剪属于振动式剪刀,由一个小型电动机带动刀杆上下快速运动,与下刀头配合达到剪切的目的。电动剪如图 1-57 所示。

2)手电钻

手电钻是以电为动力的手持式钻孔工具,电源电压一般有 220 V 和 36 V 两种,其尺寸规格有 $\phi 3.6 \sim \phi 13$ mm 若干种。手提式手电钻可钻厚度较大的金属板料,而手枪式手电钻常用于钻较薄的板料。使用手电钻时,应注意用电安全,同时在钻孔的过程中,应持牢手电钻。手电钻如图 1-58 所示。

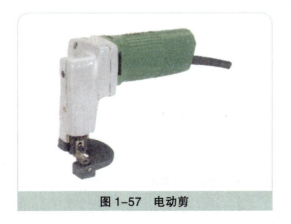

图 1-57 电动剪

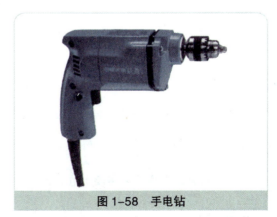

图 1-58 手电钻

3）电动砂轮机

（1）台式砂轮机。

台式砂轮机是固定在工作台上的电动设备，砂轮轴两端可以安装不同的转轮，以实现不同的作业目的。它们分别是：

①磨轮（砂轮）。用于打磨刀具、打毛刺等广泛的磨削作业。

②钢丝轮刷。用于清理和磨光，去除锈蚀、残漆和打毛刺等清洁作业。

③磨光轮。用于磨光、抛光和光饰色彩等作业。

（2）手提砂轮机。

手提砂轮机便于手持打磨车身上的有关部位。具体使用步骤如下。

步骤 1

使用手提砂轮机前，应检查砂轮片有无裂纹和破碎，护罩是否完好。

注：使用手提砂轮机时，首先将管内的脏物用压缩空气吹净后，才能和砂轮相连接。

步骤 2

右手抬住砂轮机的前部，左手抓住后部手柄。

步骤 3

开动开关。

步骤 4

开始磨削。

步骤 5

磨削薄板制件时，砂轮应轻轻接触工件，不能用力过猛，并密切注意磨削部位，以防磨穿。

注：磨削过程中，人不要站在出屑的方向，以防切屑飞出伤害眼睛。

步骤 6

使用电动砂轮机后应及时切断电源，轻拿轻放，妥善放置，并清理好工作场地。

三、工具与设备的安全使用

在车身修理时会用到大量的手动、电动、气动工具和校正设备，在使用每一件工具前要充分了解使用方法、安全提示及操作规程，避免产生危险。

1. 手动工具的安全操作

（1）请勿将手动工具做任何非设计规定的用途，如不要把锉或旋具做敲击工具，否则可能会断裂并造成人身伤害。

（2）手动工具应保持清洁和良好的工作状况。当工具粘满润滑脂、机油后容易从手中滑脱，可能造成关节挫伤或手指折断。工具在使用完毕和存放起来前应将其擦拭干净。

（3）扳手操作时是用拉而不是推的动作。如果是推，万一手从紧固件上意外滑脱，手就会被撞伤。如果不得不采用推的动作时，应伸开五指，用手掌推动。

（4）不要同时打开多个工具柜抽屉。盛满工具的工具柜非常重，容易造成工具柜倾翻。在打开下一个抽屉前要关闭前一个抽屉。

（5）手动工具在使用前应检查是否存在裂纹、碎片、毛刺、断齿或其他情况。如果工具存在问题，要修理或更换后再使用。

（6）在使用锋利或带尖的工具时应特别当心，例如凿子和冲子应正确研磨，保持锋利。凿子的刃应该锋利而且是方正的，长时间使用后，凿子和冲子的头部会变形或变大，可使用砂轮机消除工具头部的变形部位，重新修整倒角（带锥度边）。

（7）在进行任何操作时不要把旋具、冲子或其他尖锐的手动工具放到口袋里，以免刺伤自己或损坏车辆。

（8）将所有的零件和工具整齐、正确地存放在指定位置，保证其他工作人员不会被绊倒，同时还能缩短寻找零件或工具的时间。

（9）不要把车底躺板放在地面上，不用时应将其竖起，防止有人踩在车底躺板上摔倒受伤。

2. 动力工具和设备的安全操作

（1）在使用动力工具前要安装好动力工具的护具。在对工具进行修理和维护之前，先将工具的空气软管或电源线断开。

（2）使用动力工具时不要超出其额定功率。如砂轮通常有每分钟的最大转数（r/min），操作时应确保动力工具未超出砂轮、刷子或其他工具的极限转速，否则砂轮或刷子可能会炸开，砂轮碎块或钢丝被甩出造成人员、物品的损伤。

（3）当用工具进行研磨修整时，应慢慢研磨，避免工具表面的硬化金属过热。如果研磨金属呈现蓝色时，会产生过多的热量使得工具表面硬化层从金属上脱落，并软化工具的金属部分。

（4）在用动力设备对小零件进行操作时，不要一手持零件，一手持工具操作，否则零件容易滑脱，造成手部的严重伤害。在进行研磨、钻孔、打磨时，一定要使用夹紧钳或台钳来固定小零件。

（5）在车身修理中要经常使用液压装置，在使用液压机时，应确保施加的液压是安全的。在操作液压机时要站在侧面，一定要戴上全尺寸面罩，防止零件飞出造成伤害。

（6）焊接用的气瓶要固定牢靠，防止倾倒产生危险。使用完毕后应关上气瓶顶部的主气阀，避免气体泄漏流失或爆炸。

3. 压缩空气的安全操作

（1）在车身修理中要使用各种气动工具，气动工具都应有压缩空气的极限警示。使用中不要超过工具设备的压力极限，否则会造成工具设备的损坏或人员、物品的损伤。

（2）用压缩空气进行清洁工作时，压力值应保持在 0.5 MPa 以下。在清洁车门、立柱和其他难以达到的位置时，要戴上护目镜和防尘口罩。

（3）不要用压缩空气来清洁衣物。压缩空气不能直接对着皮肤吹，即使是在较低的压力下，压缩空气也能使灰尘粒子嵌入皮肤，可能会造成皮肤发炎。

4. 车辆举升机的安全操作

（1）在使用举升机之前一定要先阅读说明书，掌握具体车辆的修理信息，找出推荐的车辆举升点位置，如图 1-59 所示。

图 1-59　找准车辆举升位置

车辆举升点是为安全升起车辆而设计的，举升机的举升垫和移动式千斤顶应准确放置在举升点位置。车辆的中心应靠近举升机的中心，以免车辆失衡落下。

（2）慢慢升起举升机，车辆升高大约 150 mm 时停止举升，晃动车辆，确认车辆在举升机上是平衡的。如果听到异响，则表明车辆可能没有正确支撑，应降下车辆并重新对正车辆和举升垫。

（3）车辆完全举起后，举升机的安全钩锁住后才能在车底作业，即使举升机液压系统失效了，安全钩也能保证举升机和车辆不会落下。

（4）车辆举升时车内不能有人员乘坐。

5. 移动式千斤顶和支撑架的安全操作

（1）修理人员在工作中经常用移动式千斤顶抬起车辆的前部、侧面或后部。为了避免车辆损坏，千斤顶的支座应放置在建议的举升点处（纵梁、夹紧焊缝、悬架臂或后桥），如图1-60所示。如果支座位置摆放不正确，可能会使车底的部件凹陷或损坏。

（2）顺时针转动千斤顶手柄时关闭升起支座的液压阀，然后上下泵动手柄，缓慢升起车辆。车辆升到足够高度后，用支撑架进行支撑固定。

（3）车辆升起后，将车辆落到支撑架上。车辆置于驻车位，然后拉紧制动器并用木块塞住车轮。在用支撑架支撑车辆时，不要摇晃车辆。

（4）将车辆从千斤顶上放下来时，应逆时针慢慢转动手柄将车辆缓慢降下，防止车辆猛然降落，造成损伤。

（5）在车底作业时，要用支撑架将车辆支撑住，而不能单靠液压千斤顶支撑，它们是用来升起车辆，而不是用来支撑车辆的。

图 1-60 正确使用移动式千斤顶

（a）卧式千斤顶；（b）立式千斤顶

思考与练习

一、填空题

1. 供气式呼吸器通常包括一个有＿＿＿＿＿＿＿＿的头盔和一个＿＿＿＿＿＿＿＿。干净的空气通过软管从一个单独的气源泵送到＿＿＿＿＿＿＿＿或＿＿＿＿＿＿＿＿中。

2. ＿＿＿＿＿＿＿＿一般是用多层滤纸制作的廉价纸质过滤器，它能够阻挡空气中的＿＿＿＿＿＿＿＿、粉尘进入人的＿＿＿＿＿＿＿＿、＿＿＿＿＿＿＿＿、＿＿＿＿＿＿＿＿和肺部。

3. 在高噪声场所工作时需要佩戴＿＿＿＿＿＿＿＿或＿＿＿＿＿＿＿＿等耳朵保护装置。

4. 燃烧的三个基本要素是＿＿＿＿＿＿＿＿、＿＿＿＿＿＿＿＿和＿＿＿＿＿＿＿＿，只要使三个要素中的一个缺失就能熄灭火焰，防止火灾的发生。

二、选择题

1. 在车间工作时最好穿鞋头有（　　）的安全鞋。
   A．金属片、防滑的
   B．牛皮、增高
   C．耐磨、防水
   D．轻松、弹性大

2. 对修理期间驾驶车辆的安全表述错误的是（　　）。
   A．车辆在车间内移动时要在车间内规定的路线行驶
   B．要特别注意正在车底作业的人员是否把他们的腿和脚伸到行驶路线上
   C．安全固定所有的车辆
   D．修理中应穿着宽松的衣服，衣物、身体应远离运动部件，特别是散热器风扇叶片和传动带

3. 下列不属于燃烧的三个基本要素的是（　　）。
   A．热量
   B．可燃物
   C．氧气
   D．压力

三、问答题

1. 进行金属打磨操作时应佩戴什么防护用器？

2. 汽油着火应采用什么灭火方式？

3. 车间内移动车辆应注意哪些安全事项？

课题二 汽车车身构造

学习任务

1. 掌握轿车车身的分类及结构。
2. 掌握重型车车身的结构。
3. 掌握车身撞击力的分散与吸收。

技能要求

1. 能够描述汽车车身的结构及组成。
2. 能够对汽车的撞击力进行分析。

任务一 轿车车身的结构

一、轿车车身的分类

轿车车身按外形分为三厢式轿车和两厢式轿车。

1. 三厢式轿车

三厢式轿车是一种最为流行的有代表性的车型,车身为封闭、刚性结构,有两个或四个车窗,单排或双排座位,有两个或四个车门。由发动机室、乘客室和行李厢分段隔开形成相互独立的三段布置,故称为三厢式轿车,其外形如图2-1(a)所示。

2. 两厢式轿车

后部形状按较大的内部空间设计,将乘客室与行李厢同一段布置,故称为两厢式轿车,其外形如图2-1(b)所示。

课题二 汽车车身构造

图 2-1 轿车车身的外形

（a）三厢式车型；（b）两厢式车型

二、轿车车身壳体结构

轿车普遍采用承载式车身结构，如图 2-2 所示。

通常整个车身壳体按强度等级分为三段，如图 2-3 所示。图中 A、B、C 分别代表车身前部、中部及后部。车身设计时，使乘客室尽可能具有最大的刚度，而相对于乘客室的前、后室则应具有较大的韧性。当汽车发生正面碰撞或追尾等事故时，所产生的冲击能量可以在 A 段或 C 段得以迅速吸收，前车身或后车身局部首先变形成 A′ 或 C′，来保证中部乘客室 B 段有足够的活动范围与安全空间。

这种有意预留在车身前、后的"薄弱环节"起着良好吸收冲击能量的作用。而车身中部的乘客室及其周围，一般要比前、后车身坚固且有良好的整体性。这样，当碰撞事故发生时，预计的局部变形反倒能为乘员留有一定的生存空间。故维修作业中要绝对避免对于类似 A、C 段擅自施行加固作业的现象。

轿车车身壳体通常也分为三段，即由前车身、中间车身和后车身三大部分及相关构件组成。

图 2-2 承载式车身结构

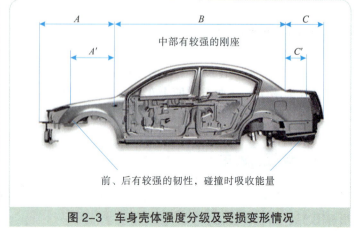

图 2-3 车身壳体强度分级及受损变形情况

1. 前车身

前车身主要由前保险杠、前翼子板、发动机罩、前围板以及前纵梁等构件组成。大多数轿车的前部装有前悬架、转向装置和发动机总成。

1）前保险杠

前保险杠位于车辆的最前端，是车身外部装饰体，主要部件一般由非金属面罩与金属加强肋相连而成，起到装饰、防护作用，应用于所有车辆车身。典型前保险杠的结构如图2-4所示。

图2-4 典型前保险杠的结构

前保险杠在车辆行驶过程中经常发生刮擦、碰撞等情况，前保险杠外皮、支架和装饰条等零件比较容易受到损坏，这些部件损坏后一般直接更换新件；前保险杠的杠体一般优先考虑钣金修复，而不采取换件操作。前保险杠的外皮如果与车身同色，在更换后还需要进行喷烤漆处理。

2）前翼子板

前翼子板位于汽车发动机罩侧下部、前轮上部，是重要的车身装饰件，其主要部件一般采用薄钢板冲压制造，如图2-5（a）所示。

普通轿车的前翼子板主要由前翼子板外板、前翼子板内板、翼子板衬板及翼子板防擦装饰条等组成，部分轿车还装有翼子板轮廓装饰条。

在车辆碰撞事故中，翼子板外板、内板等钣金件经常因碰撞而发生变形，此时应视损坏程度采用钣金修复或更换新件，固定卡子、固定卡扣和固定螺栓在更换翼子板时应一同更换。

3）发动机罩

发动机罩位于车辆前上部，是发动机舱的维护盖板，如图2-5（b）所示。

轿车的发动机罩主要由发动机罩隔热板、发动机罩铰链、发动机罩支撑杆、发动机罩锁、发动机罩锁开启拉索以及发动机罩密封条等零件组成。

发动机罩多用高强度钢板冲压成网状骨架和蒙皮组焊而成，多数轿车还在夹层之间使用了耐热点焊胶，使之确保刚度并在其间形成良好的消声胶层。车身维修中应有针对性地实施解体方案，不要轻易用火焰法修理，以免破坏夹胶的减振与隔音作用。

在发动机罩的组成零部件中，发动机罩锁开启拉索和发动机罩锁总成比较容易损坏，对于这些零件只要更换新件就可恢复原有功能；撑杆、密封条以及缓冲垫等一般不会损坏；而发动机罩一般也只是由于车辆发生碰撞等而产生变形，损坏不严重可采取钣金修复，一般不采取换件修复。

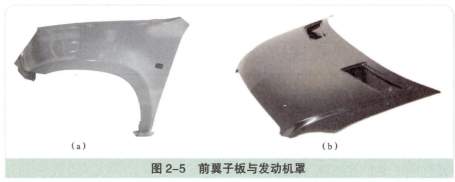

图 2-5 前翼子板与发动机罩

（a）前翼子板；（b）发动机罩

4）前围板

前围板位于乘客室前部，通过前围板使发动机室与乘客室分开。前围板的两端与壳体前立柱和前纵梁组焊成一体，使整体刚性更好。由于前车身的后部构造还起横向加固壳体的作用，一般采用双重式结构。靠近发动机室一侧主要起辅助加强作用，靠近乘客室一侧用高强度钢板冲压成型，并在两侧涂有沥青、毛毡和胶棉等绝缘材料，以求乘客室振动小、噪声低和热影响小。

5）前纵梁

前纵梁是前车身的主要强度件，直接焊接在车身下部，其上再焊接轮罩（有的前轮罩与前纵梁为一体式）等构件，如图 2-6（a）所示。为了满足承载和对前悬架、转向系统等支撑力的受力要求并使载荷分布均匀，前纵梁前细后粗截面不等，同时截面变化也较为明显，能够提高汽车受冲撞时对冲击能量的吸收，尤其是断面 A、B 处，受冲击时将首先变形，以吸收能量，如图 2-6（b）所示。纵梁上钻有许多不同直径的小孔，用于安装发动机总成及汽车附件。

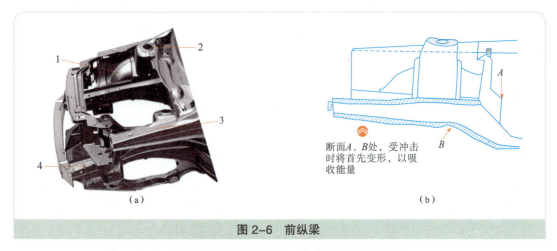

图 2-6 前纵梁

（a）前纵梁与轮罩的连接；（b）纵梁断面的变化

1—车轮罩；2—减振器塔；3—厂家点焊的普通位置；4—前纵架

2. 中间车身

中间车身设有车门、侧体门框、门槛及沿周采用高强度钢制成的抗弯曲能力较高的厢型断面，中间车身侧体框架的中柱、边框、车顶边梁和侧体下边梁等结构件也采用封闭型断面结构。车顶、车底和立柱等构件，均以焊接方式组合在一起。

中间车身的立柱起着支撑风窗和车顶的作用，一般下部较粗大，上部的截面尺寸需要考虑驾驶视野而缩小。立柱包括前柱（A柱）、中柱（B柱）与后柱（C柱）。

1）立柱、门槛板、地板

立柱、门槛板是构成车身侧框架的钣金结构件，是车身非常重要的支撑件，如轿车、吉普车等车型的侧框架一般由前门框、中门框、后门框及门槛、门梢等构成一个框架结构，用来固定车门、支撑顶篷、固附车身蒙皮等。图 2-7 所示为立柱、门槛板、地板位置及车身加强件示意图。

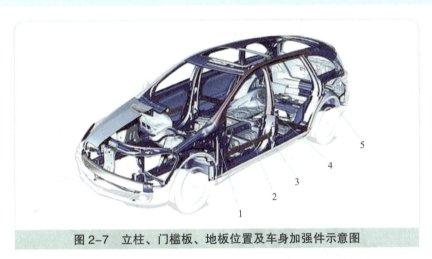

图 2-7　立柱、门槛板、地板位置及车身加强件示意图

1—前立柱；2—门槛板；3—地板；4—中立柱；5—后立柱

地板是车辆用来承载乘客、货物的基础件，是车身非常重要的钣金件。车辆上几乎所有的组件都直接或间接地安装在地板上，如乘员座椅直接安装在地板上，仪表台通过仪表台框架间接安装在地板上。在车辆发生变形损坏时，地板基本上采用钣金修复。

2）车顶

车顶是指车身车厢顶部的盖板，其上可能装备有天窗、换气窗或天线等，如图 2-8 所示。车顶主要由车顶板、车顶内衬和横梁（可能有前横梁、后横梁和加强肋）等组成，有的车型还备有车顶行李架。

在车顶的零件中，车顶内衬若损坏一般采取换件的方式，而其他金属零件一般采取钣金修复。只有在损坏非常严重而无法钣金修复时才采取换件修复。

课题二 汽车车身构造

电动式天窗一般由天窗框架、天窗玻璃、天窗遮阳板、天窗导轨和驱动电动机等零件组成。天窗总成的零件一般不容易发生损坏，天窗玻璃、天窗导轨一般在车辆发生碰撞后才有可能发生损坏，驱动电动机、控制装置可能发生机械故障损坏，这些零件损坏时一般更换新件即可恢复原有功能。

图 2-8 车顶示意图

1—天窗；2—车顶

3）车门

车门是乘员上下的通道，其上装有门锁、玻璃和玻璃升降器等附属设施，车门框架是车门的主要钢架，铰链、玻璃和把手等部件安装在门框架上。车门外板是车门框架上的外面板，它可以用钢、铝、纤维玻璃或塑料制成。车门玻璃沿车门框架上的玻璃导轨上、下移动，导轨是用低摩擦材料嵌入、黏接形成的 V 形槽。

车门及附件主要由车门板（车门外板和车门内板）、车门内饰板、车门密封条、车门铰链（一般包括车门上铰链和下铰链）以及车门锁总成等零件组成，如图 2-9 所示。

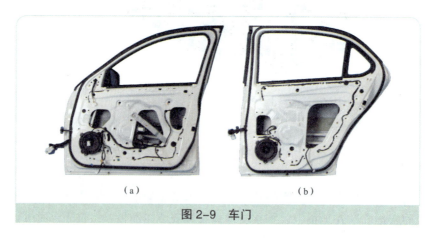

图 2-9 车门

（a）前车门；（b）后车门

车门总成的零件中，车门板（车门外板、车门内板）在损坏不严重的情况下一般采取钣金修复；而其他零件（如门锁、拉手以及玻璃升降器等）属于易损件，在损坏时只要更换新件即可。

3. 后车身

轿车后车身是用于放置物品的部分，可以说是中间车身侧体的延长部分。三厢式车的乘客室与行李厢是分开的，如图 2-10（a）所示；而两厢车的行李厢则与乘客室合二为一，如图 2-10（b）所示。

任务一　轿车车身的结构

图 2-10　后车身

（a）三厢式轿车后车身；（b）两厢式轿车后车身

后车身的主要载荷来自汽车后悬架，尤其是对于后轮驱动的车辆，驱动力通过车桥、悬挂装置直接作用于后车身上。为确保后车身的强度，车身重量由中间车身径直向后延伸，到相当于后桥部位再形成拱形弯曲。这样既保证了后车身的刚度，又不至于使后桥与车身发生干涉。而且，当车身后部受到追尾碰撞时，还能瞬时吸收部分冲击能量，通过其变形来实现对乘客室的有效保护。

1）行李厢和行李厢盖

行李厢是装载物品的空间，是由行李厢组件与车身地板钣金件构成的。行李厢基本位于轿车车身的后部，因此又俗称为后备厢。后备厢盖位置如图 2-11 所示。

轿车的行李厢盖主要由行李厢盖板、行李厢盖衬板、行李厢铰链、行李厢支撑、行李厢密封条以及锁总成等零件组成，部分轿车的行李厢盖还带有扰流板、车型品牌标识等。

在行李厢盖的组成零件中，除了行李厢盖板损坏可以进行钣金修复外，其他零件损坏基本采取更换新件的方式。

2）后侧板

后侧板是指后门框以后的遮盖后车轮及后侧车身的车身钣金件，如图 2-12 所示。一般其上有燃油厢门或天线等。后侧板主要由后侧板外板、后侧板内板、后立柱、侧板内饰板及轮罩板等零件组成。

图 2-11　后备厢盖位置

1—后备厢盖；2—后备厢

图 2-12　后保险杠和后侧板位置

1—后侧板；2—后保险杠

3）后保险杠

后保险杠是指位于车辆车身的尾部（见图2-12），起装饰和防护车辆后部零件的作用。

后保险杠主要包括保险杠外皮、保险杠杠体、保险杠加强件、保险杠固定支架以及保险杠装饰条，典型后保险杠如图2-13所示。部分中高级轿车的后保险杠中还备有后保险杠缓冲器，可以有效保护车辆的后部车身在中级以下碰撞时不发生变形。

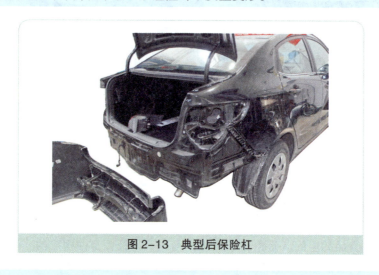

图2-13 典型后保险杠

在轿车后保险杠的组成零件中，除了保险杠外皮损坏时一般采取更换新件的方式外，其他钣金件都可先考虑钣金修复，除非损坏较为严重时才更换新件。

任务二　重型车车身的结构

一、客车车身结构

客车车身具有规则的厢式形状，故多数有完整的骨架。在客车发展初期，其车身通常由专业化车身厂生产，然后安装在现成的货车底盘车架上，故一般采用非承载式结构。这种结构的优点是便于在同一底盘上安装不同的车身。由于未能充分利用车身构架的承载作用，汽车质量过大就成为这种结构的显著缺点。

图 2-14 所示为典型的半承载式客车车身的结构示意图，通常在客车专用底盘（其车架由两根前后直通的纵梁与若干横梁等组成）上将车架用若干悬臂梁加宽并与车身侧壁刚性连接，使车身骨架也分担车架的一部分载荷，许多国产大、中型客车车身均采用这种结构形式。

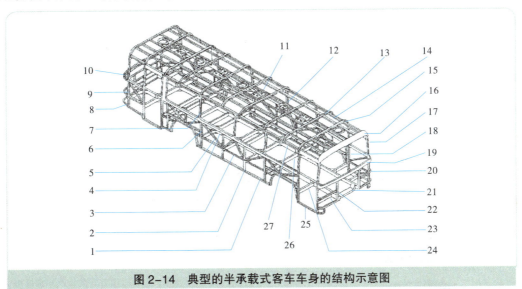

图 2-14　典型的半承载式客车车身的结构示意图

1—侧围裙边梁；2—侧围立柱；3—侧围搁梁；4—腰梁；5—斜撑；6—车轮拱；7—侧围窗立柱；8—后围裙边梁；9—后围搁梁；10—后风窗框下横梁；11—顶灯底板；12—换气扇框；13—顶盖横梁；14—顶盖纵梁；15—门立柱；16—前风窗框上横梁；17—前风窗立柱；18—前风窗中立柱；19—前风窗框下横梁；20—前围搁梁；21—车架前横梁；22—前围立柱；23—车架纵梁；24—车架悬臂梁；25—门槛；26—车架横梁；27—上边梁

图 2-15 所示为承载式客车车身的结构示意图，其底架是由薄钢板冲压或用型钢焊制的纵横格栅，以取代笨重的车架。格栅是高度较大（约 500 mm）的框架结构，因而车身两侧地板上只能布置座席，而座席下方高大的空间可用作行李厢，故适用于大型长途客车。整车承载式车身结构的特点是所有的车身壳体构件（包括蒙皮）都参与承载，互相牵连和协调，充分发挥材料的潜力，使车身质量最小而强度和刚度最大。

课题二 汽车车身构造

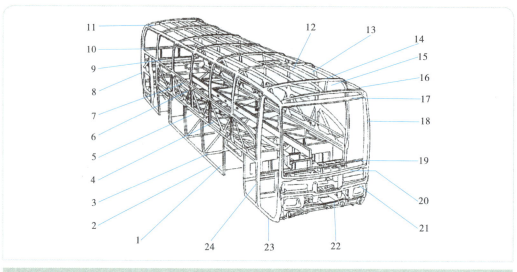

图 2-15 承载式客车车身的结构示意图

1—侧围裙边梁；2—底架横格栅；3—斜撑；4—侧围捆梁；5—角板；6—腰梁；7—后围立柱；8—后围加强横梁；9—后风窗框下横梁；10—后风窗框上横梁；11—侧窗立柱；12—横盖纵梁；13—顶盖横梁；14—顶盖斜撑；15—上边梁；16—前风窗框上横梁；17—前风窗立柱；18—仪表板横梁；19—前风窗框下横梁；20—前围捆梁；21—底架纵格栅；22—门槛；23—门立柱；24—裙立柱

二、货车车身结构

载货汽车车身主要由驾驶室和车厢两大部分组成。随着人们对安全性、使用性和舒适性的要求，载货汽车车身也一反传统模式而演变成多种类型，尤其是驾驶室的多样化显得更为突出。

1. 载货汽车车身的分类

载货汽车的分类方法主要依用途而定，载货汽车车身的结构也由此而定，见表 2-1。

表 2-1 载货汽车车身的分类

类型	图示	说明
普通载货汽车		普通载货汽车多为平头式（厢式）驾驶室，驾驶室底板布置在发动机和前轴的上方。这种布置方案的长度利用系数（汽车的有效长度与总长之比）高。轴距越大，车厢长度越大，驾驶室最短，车厢的容积也因此增大
全挂牵引车		全挂牵引车专门或主要用于牵引全挂车，也可以像普通载货汽车那样用货厢载货，具有载货和牵引全挂车双重功能。全挂牵引车的设计牵引力大并具备自身载货能力，车架后端的牵引钩可与全挂车安全连接，以合理的轴载荷分配确保牵引力的输出
半挂牵引车		半挂牵引车专门用于牵引半挂车，由于牵引车与半挂车以鞍式连接，故也称这种半挂牵引车为鞍式牵引车。半挂牵引车的轴距比普通载货汽车、全挂牵引车短，这样可以缩小转弯半径，提高牵引车的机动性能。半挂牵引车的轴间（相当于货厢位置）装有鞍式牵引座，用于连接半挂车的专门机构
专用载货汽车		专用载货汽车是指那些为运输货物而加装特殊车厢的汽车，如厢式车、冷藏车、容罐车、自卸车以及混凝土运输车等。专用载货汽车多为带驾驶室的底盘总成改装而成，故主要区别在于车厢，而与驾驶室无关

1）驾驶室的构造

载货汽车驾驶室可以分为几种类型，如图 2-16 所示。目前比较流行的是乘坐舒适性好的长度利用系数高的平头式驾驶室和长头式驾驶室。

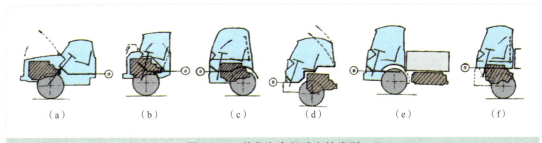

图 2-16　载货汽车驾驶室的类型

（a）长头式；（b）短头式；（c），（d），（e），（f）平头式

（1）平头式载货汽车驾驶室。

平头式载货汽车驾驶室置于前轴位置之上，发动机室移向后部，其外形如图 2-17 所示。其中，驾驶室前部板件、车顶和侧体呈刚性连接，并以强度可靠的风窗立柱、门柱为基础，具体连接方式则因车型而异。

为提高翻转式驾驶室前部的整体性，仪表板支架将左右立柱连为一体。前蒙皮又以铆接或焊接方式将前部构件包容起来，形成了合理的车身外形，如图 2-18 所示。

图 2-17　平头式载货汽车驾驶室的外形

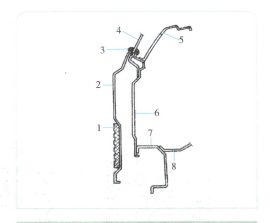

图 2-18　平头式载货汽车驾驶室的前部构造

1—前装饰栅；2—前面板；3—风窗玻璃密封条；
4—风窗玻璃；5—仪表板；6—前隔板；
7—底板骨架；8—底板

驾驶室的安装机构分为前、后两个部分，前部支撑结构由一根管梁和两个装有减振橡胶套的支撑架组成，如图 2-19 所示。后部支撑结构由两个支架和装有橡胶减振垫的支撑座组成。起自动翻转作用的扭力杆，一端与连接驾驶室的管梁固定，另一端则与锚定杆固定并用锚定销锁紧于车架上的铰链支架孔中。当驾驶室处于正常位置时,扭力杆处于受扭载荷状态,即能量储存于扭力杆中。当安全锁钩处于释放位置时,其扭转弹力反作用于驾驶室使其自动推向前倾位置。

驾驶室后部下方的拱形梁上装有用于扣紧驾驶室的爪形主挂钩,通过拉杆与释放操作手柄相连,如图2-20所示。

驾驶室外侧还备有安全钩,搬动手柄可使安全钩进一步下拉,驾驶室随即达到安装位置。安全钩与主挂钩的锁定机构无关联,须独立扳动手柄使之脱解。

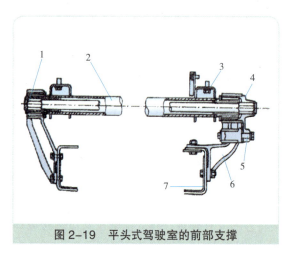

图2-19 平头式驾驶室的前部支撑

1—扭力杆;2—管梁;3—驾驶室座;4—锚定杆;
5—锚定销;6—支架;7—车架

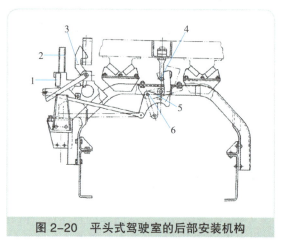

图2-20 平头式驾驶室的后部安装机构

1—定位板;2—安装杠杆;3—安全杠杆;
4—爪形杠杆;5—导板;6—导销

(2)长头式载货汽车驾驶室。

长头式载货汽车驾驶室可分为前、后两个部分,即车前钣金件(俗称车头)和驾驶室主体。车头部分分为鳄口型、蝶型和车头翻转型三种,如图2-21所示。

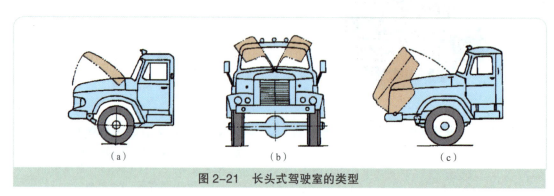

图2-21 长头式驾驶室的类型

(a)鳄口型;(b)蝶型;(c)车头翻转型

三种车型的驾驶室主体区别不是很大(见图2-22),差别突出反映在驾驶室前部的钣金件上。下面主要介绍鳄口型和车头翻转型两种。

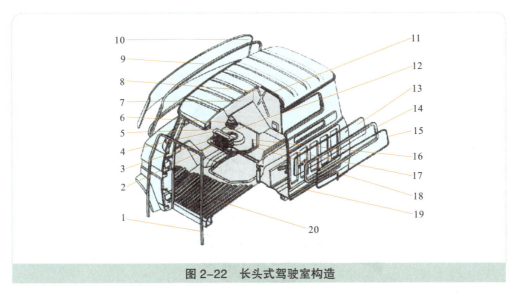

图 2-22　长头式驾驶室构造

1—车门内密封条；2—驻车制动杆密封套；3—上密封套；4—压盖；5—地板孔盖板；6—变速杆密封套；
7—隔热板；8—卡扣；9—密封条；10—前风窗玻璃；11—内护板总成；12—自攻螺钉；
13—后窗玻璃；14—后窗封条；15—嵌条；16—螺钉；17—弹簧垫圈；
18—大垫圈；19—下内护板总成；20—地板隔热垫

①鳄口型驾驶室。鳄口型驾驶室以六点弹性悬置固定在车架上，为了密封和消除各单元件装配后的摩擦声，装配零件之间还装有各类橡胶密封条。

发动机罩铰链多采用平衡弹簧支撑，可以使其开闭时轻便自如、锁止可靠。

②车头翻转型驾驶室。车头翻转型驾驶室的主体为半滑架全金属封闭式，门框、门槛、底板及前后围板等主要承载部位，均采用箱形断面结构。车前钣金件主要由发动机罩、管梁、挡泥板等构件组成，如图 2-23 所示。与可翻转式平头驾驶室一样，这种驾驶室的车头上也装配了扭力杆式助力翻转机构，如图 2-24 所示。车头支撑管梁固定并通过悬置与车架连接，管内的扭力杆左端用花键与轴套总成装配在一起，右端则通过花键与管梁固定。

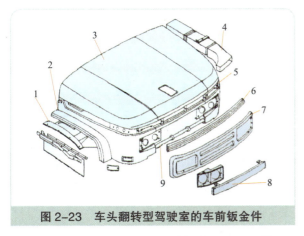

图 2-23　车头翻转型驾驶室的车前钣金件

1—挡泥板；2—轮罩；3—发动机罩；4—通风管；
5—前围构件；6—导流栅；7—面罩；
8—保险杠支架；9—翻转支撑轴

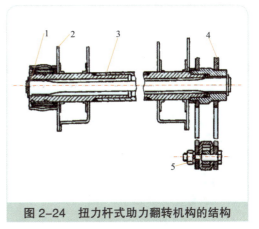

图 2-24　扭力杆式助力翻转机构的结构

1—扭力杆；2—支架；3—管梁；
4—连动杆；5—销轴

将车头拉下使之处于安装位置时，扭力杆轴套及连动杆的把持作用使管梁转动一定角度受扭并储存能量。当车头锁被打开时能量释放，实现车头自动翻转，如图 2-25 所示。

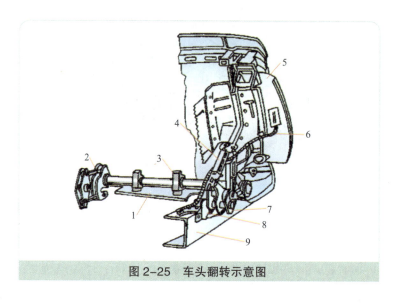

图 2-25　车头翻转示意图

1—连动杆；2—横梁；3—车头悬架；4—支撑杆；5—车头；
6—线束；7—连接臂；8—支架；9—车架

任务三　车身的撞击效应

一、冲击吸收结构

承载式车身（整体式车身）具有碰撞缓冲式结构，它可以通过车身结构的变形吸收碰撞冲击能量。前、后厢均为碰撞缓冲式结构，另外，中间厢（乘客厢）采用刚性结构，它可以将能量分散至前、后厢，从而吸收冲击能量并保护驾驶员和乘客，如图 2-26 所示。

在撞击过程中，应力集中随车身变形而产生。例如，在折弯一块金属板前，首先在弯折部位开一个孔，金属板弯折时，应力将集中于宽度减小的部位，此处易于折弯，如图 2-27 所示。

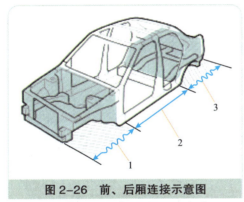

图 2-26　前、后厢连接示意图

1—前厢；2—中间厢；3—后厢

实际的承载式车身（整体式车身）的前纵梁上带有缩小的断面，前轮罩的上部构件上带有拐弯和孔，由此，可通过底盘结构的变形分散碰撞应力，如图 2-28 所示。

撞击能量不会在通过最大刚性部分时造成弯曲，而是使较弱的部位产生变形，直至能量被耗尽，如图 2-29 所示。

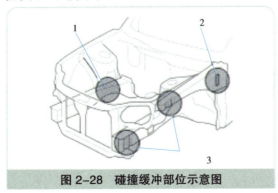

图 2-28　碰撞缓冲部位示意图

1—减小的横断面；2—孔；3—拐弯

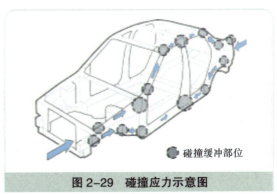

图 2-29　碰撞应力示意图

二、撞击力的分散

碰撞力（外力）由三个变量组成：输入点、角度和幅度。车辆在受到碰撞时，碰撞的方向和幅度可以分为两个或三个变量。当规定的力 F_1 以角度 α 作用于输入点 O 时，对一辆实际的车而言，F_1 分解为水平力 F_2、F_3 以及垂直力 F_4，如图 2-30 所示。其中，F_2：向后推动前轮罩，F_3：向中间推动隔板上框架，F_4：向下推动隔板。

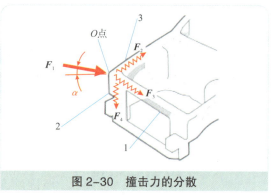

图 2-30 撞击力的分散

1—隔板上框架；2—隔板；3—前轮罩

三、碰撞角度和破坏

按照撞击力方向的不同，碰撞可以分为两种类型，一种是指向车辆质心的向心力式碰撞，另一种是背离车辆质心的切向力式碰撞。

当撞击力直接施加于车辆质心时，将发生向心力式碰撞，此时造成的车辆破坏最为严重，如图 2-31 所示。

当撞击力作用方向偏离质心时，将发生切向力式碰撞，此时造成破坏的程度稍轻，车辆将发生旋转，以避开撞击，如图 2-32 所示。

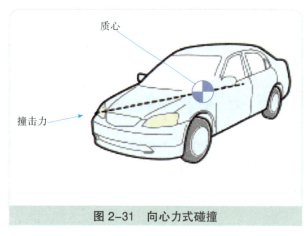

图 2-31 向心力式碰撞

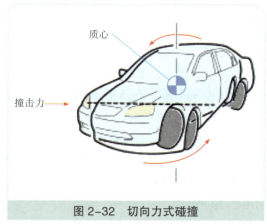

图 2-32 切向力式碰撞

四、撞击力和撞击面积

即使发生撞击时的车辆质量和速度均相同，破坏程度也会随车辆撞击物体的不同而存在显著不同。

$$单位面积的撞击力 = \frac{总撞击力}{总撞击面积}$$

由上式可知，随总撞击面积的加大，单位面积的撞击力变小，变形量也相应减小，但破坏面积加大，如图 2-33 所示。

如果总撞击面积较小，如撞击电线杆时，则单位面积的撞击力较大，变形量也相应较大，如图 2-34 所示。

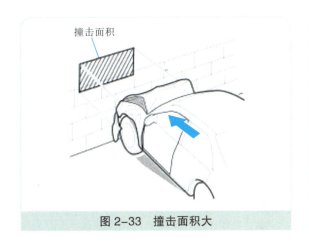

图 2-33 撞击面积大

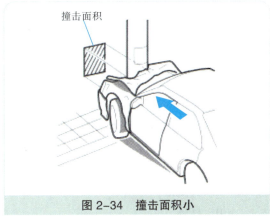

图 2-34 撞击面积小

一、填空题

1. 轿车车身按外形分可分为_____和_____。
2. 轿车车身壳体通常也分为三段，即由_____、_____和_____三大部分及相关构件组成。
3. 前车身主要由_____、_____、_____、_____、_____、_____以及前纵梁等构件组成。
4. 载货汽车车身主要由_____和_____两大部分组成。
5. 碰撞力由三个变量组成，即_____、_____、_____。

二、选择题

1. 下列不属于后保险杠的是（　　）。
   A．保险杠外皮
   B．保险杠固定支架
   C．后侧板
   D．杠体
2. 下列对前围板表述正确的是（　　）。
   A．前围板位于乘客室后部
   B．前围板将乘客室与外尾厢分开
   C．前围板在车上有无都行
   D．前围板的两端与壳体前立柱和前纵梁焊成一体
3. 下列不属于轿车翼子板组成的是（　　）。
   A．翼子板中柱
   B．前翼子板外板
   C．前翼子板内板
   D．翼子板衬板

三、问答题

1. 简述中间车身的结构及组成。

2. 货车驾驶室的构造有哪些？

课题三　汽车车身常用材料

学习任务

1. 掌握金属材料的分类及特性。
2. 掌握非金属材料的种类及特性。
3. 了解密封胶的种类及用途。

技能要求

1. 能够识别非金属材料的种类及特点。
2. 能够识别车身所用材料。

任务一　金属材料的基本性能

金属几千年来被广泛地应用于生产与生活中，是基于其所具有的优良性能。

金属材料的性能主要指材料的使用性能和工艺性能。

使用性能是指金属在使用时表现出的性能，包括物理性能、化学性能和力学性能。工艺性能是指金属材料在各种冷、热加工中所表现出的性能。金属材料性能的分类如图3-1所示。

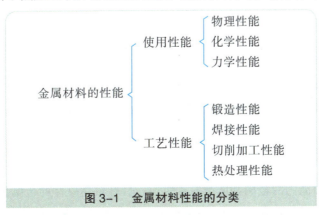

图3-1　金属材料性能的分类

课题三　汽车车身常用材料

一、金属材料的物理性能

金属的物理性能是指金属材料受到自然界中各种物理现象的作用所表现出来的反应，此时金属的化学成分仍保持不变。金属的物理性能包括密度、熔点、导电性、导热性、热膨胀性和磁性等。

1. 密度

物质单位体积的质量称为密度，用 ρ 表示，单位为 kg/m^3。汽车在生产中，高速运动的零部件（发动机活塞等）要求质量小、惯性小，因此常选用强度高、密度小的铝合金来制造。

在金属材料中，密度小于 $5 \times 10^3\ kg/m^3$ 的金属称为轻金属，如铝、钛等。密度大于 $5 \times 10^3\ kg/m^3$ 的金属称为重金属，如铜、铁等。密度的大小可作为鉴别材质的依据之一。

2. 熔点

金属从固态转变成液态时的温度称为金属的熔点。

金属根据熔点不同分为易熔金属和难熔金属。一般将熔点低于 230 ℃ 的金属叫作易熔金属，如锡、锂等；而熔点高于 1 800 ℃ 的金属叫作难熔金属，如钨、钼和铝等。通常熔点低的金属材料易于铸造和焊接。

3. 导电性

金属的导电性通常用电阻率来衡量，电阻率越小，金属的导电性越好。常用金属中银、铜和铝的导电性较好，而合金的导电性则比纯金属低。工业上常用铜、铝作为导电材料，如用铜、铝材料制成的电线、电极等。

4. 导热性

金属材料的导热性对热处理和锻造等加热工艺具有十分重要的影响。导热性差的金属在热处理或锻造加热时，就必须使加热速度慢些，以免工件在热加工过程中变形和产生裂纹，如用合金钢制造的零部件。导热性能好的金属散热性也好，所以汽车上的散热器常采用导热性好的铝、铜等材料来制造。

5. 热膨胀性

金属热膨胀性在实际生活中比较常见，生产中应用很广，同时也是生产、生活中必须考虑的可影响性能与使用因素。例如轴与轴瓦的装配间隙，必须根据材料的热膨胀性来确定。

6. 磁性

磁性是指具有导磁能力的金属都能被磁铁吸引。具有较高磁性的金属称为磁性金属，如铁、钴和镍等。磁性材料是汽车上的电动机、仪表等电气设备不可缺少的材料。

二、金属的化学性能

金属与其他物质发生化学变化时表现出来的性能称为化学性能。在金属材料的化学性能中，最受重视的是材料的耐腐蚀性与抗氧化性。

1. 耐腐蚀性

金属抵抗各种腐蚀介质如酸、碱、盐、水和氧气等侵蚀的能力称为耐腐蚀性。

金属的耐腐蚀性与金属的成分、组织等有关。不同成分、组织的金属，其耐腐蚀性能也不同。腐蚀不仅直接造成部分金属变质，还会破坏金属的优良性能，特别是降低金属材料的强度，甚至会危及整个机械的工作安全，危害极大。为防止金属腐蚀，通常采用改变金属材料的组织成分或采用表面处理的方法等来增强金属的抗腐蚀能力。

2. 抗氧化性

金属在加热时对氧化作用的抵抗能力称为抗氧化性。

金属材料在加热时，金属的氧化随温度升高而加速，氧化会造成金属材料过量损耗，也会形成各种缺陷。如发动机的气门因工作在高温、高压下，气门表面易氧化从而导致剥落，因此发动机气门应选用具有良好抗氧化性的材料。

三、金属材料的力学性能

金属材料在外力作用下所表现出来的特性称为金属的力学性能，例如抵抗变形和断裂的能力等。

在机械制造中，金属材料最常见的也是最重要的使用性能是力学性能，又称为机械性能，它是产品设计和选择材料的主要依据。金属的力学性能主要包括强度、塑性、硬度、韧性和疲劳强度等。

1. 强度

强度是材料受外力作用而不被破坏或不改变本身形状的能力。它是力学性能的重要指标之一，是选材的主要依据。强度通常分为抗拉强度、抗压强度、抗剪强度和屈服强度四种。它们都是通过专门的试验测定的，其中以抗拉强度应用最广泛。

2. 塑性

金属材料在外力作用下产生永久变形而又不造成损坏、断裂的性能称为塑性。

塑性好的金属材料适宜于挤压、冷拔，塑性差的金属，在冲压、抽拔等加工过程中容易裂断，可成型性较差，在冲击载荷作用下容易发生脆断。所以一般机床的床身可用铸铁制作，而锻锤机身则用塑性较好的铸钢制作。

金属塑性指标一般通过拉伸试验测定，常用的塑性指标为伸长和断面收缩率。

3. 硬度

金属材料抵抗其他硬物压入表面的能力，即材料抵抗局部变形、压痕或划痕的能力，称为硬度。金属硬度的本质就是金属表面对局部塑性变形的抵抗能力。硬度是金属材料的一个重要力学性能指标。

金属的硬度值一般是在金属局部表面发生了较大的塑性变形之后测得的，因此金属的硬度可间接反映金属的强度，硬度大的金属，其强度通常也大，因为两者都反映了金属对大量塑性变形的抵抗能力。

金属材料的硬度由硬度试验机测得，测试的方法有很多。常用的硬度试验有布氏硬度试验、洛氏硬度试验以及维氏硬度试验等。硬度试验机的操作一般都较简便，有些硬度试验还不损坏被测零件，虽然硬度与强度间没有严格的对应关系，但可以通过大量实验数据找出粗略的换算关系。因此，根据测得的硬度值还可大体估计金属的强度。

4. 韧性

强度、塑性和硬度等性能指标是在静态力作用下测定的，而许多零件在工作过程中受到的是动态力，如突然施加的载荷，即冲击载荷。而韧性就是指金属材料抵抗动态力而不损坏的能力，即金属材料在断裂前吸收变形能量的能力。

金属材料的韧性通常由冲击试验来测定。因此，需要制定冲击载荷下的性能指标，即冲击吸收功。为了测定金属的冲击吸收功，通常都采用夏比冲击试验。

5. 疲劳强度

在工作过程中零件往往受到大小或大小及方向随时间呈周期性变化的载荷作用，此载荷称为交变载荷。零件在交变载荷的作用下，在一处或几处产生局部永久性累积损伤，经一定循环次数后产生裂纹或突然发生完全断裂，这种现象称为疲劳。如汽车曲轴、变速器的齿轮以及弹簧等许多零件都是承受典型循环应力而易产生疲劳的零件。

金属发生疲劳后的断裂称为疲劳断裂。疲劳断裂与静态力作用下的断裂不同，其断裂前没有明显的塑性变形。当金属产生疲劳裂纹后，裂纹逐步扩展，最终导致断裂。所以，疲劳断裂属于脆性断裂，危险性很大，如汽车转向节轴在行驶中突然断裂等，都将造成严重后果。

四、金属材料的工艺性能

金属材料在各种加工过程中所表现出来的性能称为工艺性能，即金属材料适应各种加工工艺要求的性能，它是材料力学性能、物理性能和化学性能的综合表现。金属材料的工艺性能主要包括铸造性能、锻造性能、焊接性能、切削加工性能和热处理性能等。

1. 铸造性能

铸造性能是指金属在铸造生产中表现出的工艺性能，如液态流动性、收缩性、偏析性以及吸气性等。流动性好的金属在铸造中充满型腔的能力强,可浇铸形状较复杂的零部件,材料冷却时收缩率小,铸件的变形、裂纹、疏松和缩孔等缺陷也少。因此铸造性能好的金属材料,具有在液态时流动能力大,不易吸收气体,冷凝过程中收缩小,凝固后铸件的化学成分均匀等特点。在常用的金属材料中,铸造铝合金、灰铸铁和青铜等具有良好的铸造性能。

2. 锻造性能

锻压加工金属材料时,材料发生变形而不破坏的能力称为锻造性能。金属材料在锻造时塑性好(能发生大的塑性变形而不破坏)、变形抗力小(锻造时消耗能量小),则该金属锻造性能好;反之则差。所以金属的锻造性能是金属的塑性和变形抗力两者的综合性能。

钢的锻造性与化学成分有关,碳含量低的钢比碳含量高的钢锻造性能好,普通碳钢的锻造性比同样碳含量的合金钢好,铸铁则不能采用锻造加工。

3. 焊接性能

金属材料对焊接成形的适应性称为金属的焊接性能。焊接性能好的金属,可用一般的焊接方法和焊接工艺进行焊接,焊缝中不易产生气孔、夹渣或裂纹等缺陷,其强度与母材相近,并且焊接接头具有良好的力学性能。焊接性能差的金属材料要采用特殊的焊接方法和工艺才能进行焊接。

金属的材质(如化学成分等)直接影响材料焊接性能的优劣,在常用的金属材料中,低碳钢具有较好的焊接性,而高碳钢和铸铁焊接性则较差。

4. 热处理性能

金属在热处理过程中所呈现的淬透性和脆性的大小,以及是否容易发生变形开裂等现象,称为金属的热处理性能。各种金属材料由于化学成分及内部组织结构的不同,其热处理性能也不同。因此在加工过程中出现淬透性、脆性和变形开裂情况也就不同,因此应根据所选材料及工件形状等选择不同的热处理工艺。

5. 切削加工性能

切削加工性能是指金属材料被切削加工的难易程度。金属材料的切削加工性能不仅与材料本身的化学成分、内部组织有关,还与刀具的几何参数等因素有关。通常,可根据材料的硬度和韧性对材料的切削加工性能做大致的判断。工件硬度过高,刀具易磨损,切削加工困难;工件硬度过低,容易粘刀,且不易断屑,加工后表面粗糙。所以硬度过高或过低、韧性过大的材料,其切削性能较差。而切削加工性能好的材料,对刀具磨损小,切削量大,切屑易于折断脱落,加工表面粗糙度和精度也高。通常灰铸铁及硬度为 150~250HBS 的碳钢具有良好的切削加工性。

课题三 汽车车身常用材料

任务二 金属材料

金属材料是汽车制造工业中使用的主要材料,一辆汽车是由上万个零件组成的,这些零件80%是由金属材料制成的。以国产某种轿车为例,它的材料构成比大约为:钢材62%、铸铁9.7%、粉末1.2%、有色金属8.5%、非金属材料18.6%。

本任务主要介绍金属材料的分类及特性,只有充分了解金属材料的分类及特性,才能科学合理地选用材料。

一、钢铁材料

1. 钢

碳是决定钢的性能最主要的元素,钢中的杂质对钢的性能也有一定的影响。在含碳量小于0.8%的碳钢中,随着含碳量的增加,钢的强度、硬度不断提高,塑性、韧性不断降低。含碳量大于0.8%的碳钢,随着含碳量的提高,钢的强度不再增加,但硬度还有提高,塑性、韧性继续降低。

为了改善钢的性能,在碳钢的基础上,有目的地加入某些合金元素而炼成的钢称为合金钢。碳钢或合金钢经热处理后,不仅可以显著提高其综合机械性能,还能满足某些特殊性能的要求,如可获得较高的硬度、淬透性、耐腐蚀性以及红硬性(高温下保持高硬度和高耐磨性)等。

1)钢的分类

钢可按化学成分、质量和用途等来分类,见表3-1。

表3-1 钢的分类

分类方法	名 称		说 明
按化学成分分类	碳素钢	低碳钢(含碳量低于0.25%)	碳素钢的成分中除铁外,还含有碳和一定数量的硅、锰、硫和磷等元素,碳素钢按其含碳量多少可分为低、中和高碳钢三种
		中碳钢(含碳量为0.25%~0.60%)	
		高碳钢(含碳量高于0.60%)	
	合金钢	低合金钢(合金元素总含量低于5%)	在碳素钢中加入一定数量的合金元素称为合金钢。加入合金元素的目的在于改善钢的力学性能、工艺性能、物理性能和化学性能。加入的合金元素有铬(Cr)、镍(Ni)、硅(Si)、锰(Mn)、硼(B)以及铌(Nb)等
		中合金钢(合金元素总含量为5%~10%)	
		高合金钢(合金元素总含量高于10%)	

续表

分类方法	名称		说明
按质量分类	普通钢（钢中含硫量不超过0.050%，含磷量不超过0.045%）		这种分类法是根据钢中含硫、磷等有害杂质的多少而区分的
	优质钢（含硫量不超过0.035%，含磷量不超过0.035%，含铜量不超过0.030%）		
	高级优质钢：钢中含硫量不超过0.030%，含磷量不超过0.035%，含铜量不超过0.025%		
按用途分类	结构钢（含碳量小于0.7%）	碳素结构钢	用于工程结构，制造机械零件
		合金结构钢	
		滚动轴承钢	
		弹簧钢	
	工具钢（含碳量为0.7%～1.4%）	碳素工具钢	用于制造各种工具，又可细分为量具钢、刃具钢和模具钢等
		合金工具钢	
		高速工具钢	
	特殊用途钢	不锈耐酸钢	用于特殊用途，具有特殊的物理、化学性能
		耐热不起皮钢	
		磁性材料和电热合金	
其他分类	按炼钢方法分类	平炉钢	—
		转炉钢	
		电炉钢	
	按浇铸前脱氧程度分类	镇静钢	
		沸腾钢	
		半镇静钢	
	按金相组织不同分类	奥氏体钢	
		马氏体钢	
		铁素体钢	

2）钢的牌号和用途

钢的牌号中，金属元素采用国际化学符号表示，如 Fe、Si、Mn、Cr、W 等，而产品名称、用途、冶炼和浇注方法等则采用汉语拼音的缩写字母表示。

（1）碳素结构钢的牌号。

①普通碳素结构钢。其牌号依次以钢的屈服点"屈"字汉语拼音首字母"Q"、屈服强度数值（MPa）、质量等级符号（A、B、C、D，依次提高）和脱氧方法（F——沸腾钢、Z——镇静钢、TZ——特殊镇静钢，其中 Z 和 TZ 代号可省略）组成，如 Q235-AF 即表示屈服点数值为 235 MPa 的 A 级沸腾钢。普通碳素结构钢的应用见表 3-2。

表 3-2 普通碳素结构钢的应用

牌 号	应 用
Q195、Q215-A、Q215-B	薄板、焊接钢管、铁丝、铁钉、屋面板和烟囱等
Q235-A、Q235-B、Q235-C、Q235-D	薄板、中板、钢筋、条钢、钢管、焊接件、铆钉、小轴、螺栓、连杆和外壳等
Q255-A、Q255-B、Q275	拉杆、连杆、键、轴和销钉,要求刚度较高的某些零件

②优质碳素结构钢。其牌号用两位数字表示,有 05、08、10、15、20、25、30、35、40、45、50、55、60、65、70、75、80、85,这两位数字表示平均含碳量为万分之几。例如,08F 表示含碳量为 0.08% 左右的优质碳素结构沸腾钢,20g 表示含碳量为 0.20% 左右的优质碳素结构锅炉钢等。此外,含锰量较高的钢应在数字后面把锰元素标出,例如,50Mn 表示含碳量为 0.50% 左右、含锰量为 0.70%～1.00% 的优质碳素结构钢。高级优质碳素结构钢在牌号后面加字母"A",例如,45 表示含碳量为 0.45% 左右的优质碳素结构钢,45A 表示含碳量为 45% 左右的高级优质碳素结构钢。优质碳素结构钢的应用见表 3-3。

表 3-3 优质碳素结构钢的应用

牌 号	性 能	应用举例
08、08F、10、10F	为低碳钢,具有高的塑性和韧性、优良的冷冲压性能及焊接性能	制造仪表外壳,汽车上的冷冲压件、车身和驾驶室等
15、20、25	为低碳钢,硬度、强度不高,塑性、韧性高;渗碳淬火后表面硬而耐磨,但芯部保持高韧性	制造压力不大、韧性要求较高的零件,如螺钉、螺母、法兰盘和拉杆;也可制造凸轮和摩擦片
30、35、40、45	为中碳钢,经调质处理后具有良好的综合机械性能	制造汽车曲轴、连杆、机床主轴、齿轮及受力不大的轴类零件
55、60、65	为高碳钢,经淬火后具有高强度和良好的弹性	制造钢丝绳、弹簧及其他弹性零件等

③碳素工具钢。碳素工具钢的牌号有 T7、T8、T9、T10、T11、T12、T13,字母"T"表示碳素工具钢,数字表示平均含碳量为千分之几。高级优质碳素工具钢在牌号后面加字母"A",例如,T8 表示含碳量为 0.8% 左右的碳素工具钢,T10A 表示含碳量在 1.0% 左右的高级优质碳素工具钢。碳素工具钢的应用见表 3-4。

表 3-4 碳素工具钢的应用

牌 号	应用举例
T7、T7A、T8、T8A、T8Mn、T8MnA	用于制造韧性要求较高、承受冲击载荷作用的工具,如小型冲头、凿子、锤子和木工工具等
T9、T9A、T10、T10A、T11、T11A	用于制造要求中等韧性的工具,如钻头、丝锥、车刀、冲模、拉丝模、锯条、及量规、塞规和样板等量具
T12、T12A、T13、T13A	具有高硬度、高耐磨性,但韧性低。用于制造不受冲击的工具,如量规、塞规、样板等量具,以及锉刀、刮刀和精车刀等刀具

（2）合金钢的牌号。

①合金结构钢。合金结构钢通常都是优质钢，其牌号由三部分组成，即"数字＋合金元素＋数字"。前面的数字表示平均含碳量为万分之几；合金元素以化学元素符号表示；后面的数字表示合金元素的含量，一般以百分之几表示。当合金元素含量 <1.5% 时，钢号中一般只标出元素而不标明含量。当合金元素含量 ≥ 1.5%、≥ 2.5%、≥ 3.5%⋯时，则在元素符号后面相应标出 2、3、4⋯高级优质合金结构钢在牌号后面加字母"A"。例如，40Cr 表示含碳量为 0.4% 左右、含铬量为 1% 左右的合金结构钢；12Cr2Ni4A 表示含碳量为 0.12% 左右、含铬量为 2% 左右、含镍量为 4% 左右的高级优质合金结构钢。含有合金元素的弹簧钢如 60SiMn、50Si2Mn、60Si2Mn 等，其表示方法同前所述。部分合金结构钢的用途见表 3-5。

表 3-5　部分合金结构钢的用途

牌　号	应　用	牌　号	应　用
09MnNb	桥梁、车辆	16MnRe	桥梁、起重机械
12Mn	船舶、低压锅炉、容器和油罐	10MnPNbRe	港口工程结构、桥梁、船舶和车辆
16Mn	船舶、桥梁、车辆、大型容器、大型钢结构和起重机械	14MnVTiRe	桥梁、高压容器、电站设备和大型船舶
15MnVNb	大型焊接结构、桥梁、船舶和车辆	—	—

②合金工具钢。合金工具钢牌号的表示方法原则上和合金结构钢大致相同，所不同的仅是含碳量的表示方法。如平均含碳量 >1.0%，则不标出含碳量；平均含碳量 <1.0%，则在牌号前以千分之几表示。例如，3Cr2W8 表示含碳量为 0.3% 左右、含铬量为 2% 左右、含铬量为 8% 左右的合金工具钢；Cr12MoV 表示含碳量为 1.45% ~ 1.70%、含铬量为 12% 左右，并含有钼和钒的合金工具钢。合金工具钢的用途见表 3-6。

表 3-6　合金工具钢的用途

牌　号	应　用	牌　号	应　用
9Mn2V	小冲模、冷压模和落料模，各种变形小的量规、样板、丝锥、板牙和铰刀等	Cr12	冷冲模冲头、冷切剪刀、钻套、量规、螺纹滚模和木工切削工具等
CrWMn	板牙、拉刀、长丝锥、长铰刀、量规和形状复杂的高精度冲模	Cr12MoV	冷切剪刀、圆锯、切边模、滚边模、标准工具与量规、拉丝模等
9CrSi	板牙、丝锥、钻头、铰刀和冷冲模	5CrNiMo	大型锻模等
		5CrMnMo	中型锻模等
Cr2	车刀、铣刀、插刀、铰刀、样板、凸轮销和偏心轮	3Cr2W8V	高应力冲压模、热剪切刀和压铸模等
		—	—

③高速工具钢。高速工具钢的牌号有 W9Cr4V、W18Cr4V、W12Cr4V4Mo、W6Mo5Cr4V2 等。在高速工具钢的牌号中一般不标出含碳量，并把钨元素放在前面。合金元素平均含量的表示方法和合金结构钢相同。例如，W18Cr4V 表示含碳量为 0.70% ~ 0.80%、含钨量为 18% 左右、含铬量为 4% 左右、含钒量为 1% 左右的高速工具钢。

④滚动轴承钢。滚动轴承钢的牌号有 GCr6、GCr9、GCr15、GCr15SiMn、GSiMnMoV 等。字母 G 表示滚动轴承钢；Cr 后的数字表示平均含铬量为千分之几；含碳量不标出，一般在 1% 左右。例如，GCr15 表示含铬量为 1.5% 左右的滚动轴承钢；GSiMnMoV 表示含硅量为 0.55% 左右、含锰

量为1%左右并含有钼和钒的滚动轴承钢。

⑤不锈耐酸钢、耐热钢和电热合金。这几种钢牌号的表示方法和合金工具钢相同。但含碳量一般不标出，在钢号有重复或含碳量较高时，才在牌号中标出平均含碳量（为千分之几）。平均含碳量< 0.1%时用"0"表示，平均含碳量≤ 0.03%时用"00"表示。例如0Cr13、00Cr18Ni10，分别表示平均含碳量为< 0.1%、≤ 0.03%。常用不锈耐酸钢的牌号如1Cr13、2Cr13、4Cr13、Cr14、9Cr18、0Cr18Ni9、1Cr18Ni9、1Cr18Ni9Ti等；常用耐热钢如4Cr9Si2、Cr3Si、Cr5Mo、4Cr10Si2Mo等；常用电热合金如Cr8Al5、Cr13Al4、1Cr17Al5等。

（3）钢的用途。

①碳素结构钢。碳素结构钢的含碳量一般小于0.7%，可分为普通碳素结构钢和优质碳素结构钢，它要求有较高的强度、塑性和韧性，常用于制造工程结构件（如建筑的屋架、桥梁和车辆等）以及机械零件（如螺钉、螺母、冲压零件、齿轮、轴和连杆等）。

在优质碳素结构钢中，45钢因其调质（淬火后高温回火）后有良好的综合机械性能（有较高的强度、硬度、塑性和韧性均适中），在机械制造业中用量较大。

②碳素工具钢。碳素工具钢的含碳量为0.7% ~ 1.4%。由于含碳量高，故硬度偏高，但红硬性差。其主要用于制造各种手工工具，一般都需经热处理后才可使用。

③合金结构钢与合金工具钢。合金结构钢和合金工具钢的用途与碳素结构钢和碳素工具钢一样，但其性能优于碳素钢。例如，40钢经调质后其抗拉强度<750 MPa，而40Cr钢经调质后其强度为1 000 MPa。调质后，在硬度相同的情况下，40Cr钢的塑性和韧性均优于40钢。

3）钢的热处理

钢的热处理就是将钢在固态下加热到一定温度，进行必要的保温，然后以不同的速度冷却下来，从而改变钢的内部组织，获得所需性能的一种工艺方法。

热处理可做如下分类：

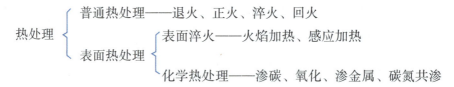

（1）钢的退火。退火是将钢件加热到一定的温度后保温一定时间，随之缓慢冷却下来的一种工艺操作方法。退火的目的在于降低钢的硬度，提高塑性，改善加工性能，细化晶粒，改善组织，消除内应力，为以后的热处理做准备。

退火方法有完全退火、球化退火和去应力退火等。

①完全退火。将钢加热到转变温度以上30 ~ 50 ℃，保温一定时间，然后随炉缓慢冷却到500 ℃以下出炉，再放于空气中冷却。完全退火的目的是细化晶粒，消除热加工造成的内应力，降低硬度。它主要用在钢的型材、锻件、铸件和焊接结构件上。常用结构钢的完全退火工艺规范见表3-7。

表 3-7 常用结构钢的完全退火工艺规范

钢 号	临界温度 /℃	加热温度 /℃	冷却方式	布氏硬度（HBS）
20	855	860 ~ 900	炉冷	—
35	802	850 ~ 880	炉冷	197
45	780	800 ~ 840	炉冷	187
20Cr	838	860 ~ 890	炉冷	217
20CrMnMo	830	850 ~ 870	炉冷	229
35CrMo	800	830 ~ 850	炉冷	217
40Cr	782	830 ~ 850	炉冷	241
40CrNi	769	820 ~ 850	炉冷	229
35SiMn	—	850 ~ 870	炉冷	229
65Mn	765	780 ~ 840	炉冷	187

②球化退火。将钢加热到转变温度以上 20 ~ 30 ℃，保温一定时间后随炉缓慢冷却到 600 ℃，再出炉空冷。球化退火可降低钢材硬度，提高塑性，改善切削性能，并为淬火做好准备。球化退火主要用于工具钢工件（如刀具、模具和量具等）。常用工具钢的球化退火工艺规范见表 3-8。

表 3-8 常用工具钢的球化退火工艺规范

钢 号	临界温度 /℃	加热温度 /℃	冷却方式	布氏硬度（HBS）
T8A	730	740 ~ 760	炉冷	187
T12A	730	740 ~ 770	炉冷	207
GCr15	745	790 ~ 810	随炉缓冷	197~207
9SiCr	770	790 ~ 810	随炉缓冷	197 ~ 241
CrWMn	750	780 ~ 840	随炉缓冷	207 ~ 225
W18Cr4V	820	850 ~ 880	以 <20℃/h 缓冷	207 ~ 255

③去应力退火。将钢加热到 500 ~ 650 ℃，保温后随炉缓慢冷却至 200 ~ 300 ℃时出炉空冷。其目的是在加热状态下消除铸件、锻件和焊接件的内应力。去应力退火也称为低温退火。

（2）钢的正火。正火是将钢加热到转变温度以上 30 ~ 50 ℃，经保温一定时间后在空气中冷却的一种工艺操作方法。

低碳钢经过正火处理后，可细化晶粒，均匀组织，改善切削加工性能。正火的工艺过程简单经济，生产效率高。因此，低碳钢常常采用正火代替退火处理。

中碳钢经过正火处理后，可以提高强度和硬度。对一些力学性能要求不高的零件，正火常是最后的热处理工序。

高碳钢常用正火为球化退火做准备。

（3）钢的淬火。钢的淬火是将钢加热到临界温度以上 30 ~ 50 ℃，经保温一定时间后在水（或盐水）中或油中快速冷却，以获得高硬度组织的一种热处理工艺。

①钢的淬火方法。淬火是热处理工艺过程中最重要、最不易掌握的一种方法，也是决定零件和工具最终性能和质量的关键。淬火的首要工序是加热，不同成分的钢，应选择不同的加热温度。常用碳钢及部分合金钢的淬火温度见表 3-9。

表 3-9　常用碳钢及部分合金钢的淬火温度

钢号	淬火温度 /℃	钢号	淬火温度 /℃	钢号	淬火温度 /℃	钢号	淬火温度 /℃
30	870 ~ 890	T8	770 ~ 820	40CrNi	810 ~ 840	5CrMnMo	820 ~ 850
35	850 ~ 890	T10	770 ~ 820	60Si2Mn	840 ~ 870	3Cr2W8V	1 050 ~ 1 100
45	820 ~ 860	T12	770 ~ 810	50CrV	820 ~ 860	W18Cr4V	1 260 ~ 1 290
50	810 ~ 850	T13	770 ~ 810	GCr15	820 ~ 860	3Cr13	1 000 ~ 1 050
65	800 ~ 840	65Mn	840 ~ 880	CrWMn	820 ~ 850	—	—
70	780 ~ 830	40Cr	830 ~ 860	Cr12	860 ~ 880	—	—

（4）钢的回火。钢的回火是把淬火后的钢重新加热到某一温度，保温一段时间后置于空气或水中冷却的热处理工艺。

钢的回火目的在于降低淬火钢的脆性，消除或减小内应力，提高综合力学性能，稳定工件尺寸。对某些合金钢来讲，经过回火后可使钢中碳化物适当聚集，降低硬度以利于切削加工。

①低温回火。在 150 ~ 250 ℃内进行的回火，主要用于要求硬度为 55~62HRC 的各类高碳工具钢，淬火后低温回火可保持淬火零件具有高的硬度和好的耐磨性，适用于各种刃具、量具、模具和工具等。

②中温回火。中温回火的温度范围为 350 ~ 500 ℃。经过中温回火能使钢具有较高的强度、弹性，并有一定的韧性。中温回火的目的是适当降低淬火钢的硬度，提高强度尤其是弹性极限，恢复一定程度的韧性和塑性，消除内应力。中温回火适用于各种弹簧、弹性零件和部分工具的回火。

③高温回火。高温回火的温度范围为 500 ~ 650 ℃。淬火后高温回火能获得强度、硬度、塑性和韧性良好配合的综合力学性能以及较好的切削加工性能。淬火后进行高温回火又称为调质，是许多机械零件（如在交变载荷下工作的连杆、螺栓、齿轮及轴类零件等）常用的热处理方法。调质处理还可作为某些精密零件（如丝杠、量具等）的预备热处理，使之获得均匀细小的索氏体组织，以减小最终热处理的变形量，为获得较好的最终性能做组织准备。

（5）钢的表面热处理。钢的表面热处理包括表面淬火、渗碳等。表面热处理使零件表面具有高硬度而芯部仍保持足够的塑性和韧性，既可提高工作表面的耐磨性和抗疲劳强度，同时芯部仍有足够的屈服强度和韧性。适用于在动力载荷及摩擦条件下工作的零件，如汽车的齿轮、曲轴等。

钢的表面淬火是利用快速加热使钢表面很快地达到淬火温度后，不等热量传至芯部便迅速冷却，可使钢件表面层被淬硬，而芯部仍是未淬火组织的一种局部热处理方法。

表面淬火的目的是在提高工件表面硬度的同时，保持工件芯部原有的良好塑性和韧性的退火、正火或调质状态的组织。

表面淬火的方法主要有感应加热表面淬火、火焰加热表面淬火、电接触加热表面淬火及电解液加热表面淬火等。

渗碳一般是向低碳钢（如 20 钢）表面层渗入碳原子，使工件表层的含碳量达到 0.7% ~ 1.05%。渗碳层的深度一般在 0.5 ~ 2.5 mm。零件渗碳后，为了达到表面高硬度和耐磨的目的，必须进行热处理。通常零件在渗碳后，经淬火和低温回火，其表面硬度可达 58~64HRC，芯部强度及韧性均好，抗疲劳强度较高。表面热处理还有渗氮、渗金属等方法。

2. 铸铁

铸铁是汽车制造及其他工业制造中广泛应用的一种材料。铸铁可以制造许多类型的汽车零件，如汽车上的气缸体、气缸套、活塞环、飞轮、带轮以及后桥壳等。根据含碳形式及石墨形状不同，铸铁可以分为不同种类，见表3-10。

表3-10 铸铁的分类

分类方法	名 称		说 明
根据碳的形式不同	白口铸铁		碳主要以渗碳体形式存在，断口呈银白色，其性能既硬又脆，很难进行切削加工，所以很少直接用来制造机器零件
	灰口铸铁		大部或全部以石墨形式存在，其断口呈暗灰色，是目前工业生产中应用最广泛的一种铸铁
	麻口铸铁		碳大部分以渗碳体形式存在，少部分以石墨形式存在，断口呈现灰白色，具有较大的脆性
根据石墨形态不同	灰铸铁	铁素体灰铸铁	灰铸铁含碳量较高为2.7%~4.0%，可看成碳钢的基体加片状石墨。由于石墨的强度和塑性几乎为零，因此，石墨的存在就像在钢的基体上分布着许多细小的裂缝和空洞，破坏了金属基体的连续性，减小了有效承载面积，并且在石墨尖角处容易产生应力集中，所以灰铸铁的强度、塑性和韧性远不如钢。铸铁中的石墨数量越多，尺寸越大，分布越不均匀，基体的割裂作用和应力集中现象就越严重，铸件的强度、塑性和韧性就越差。但石墨的存在对抗压强度和硬度的影响不大。石墨虽然降低了铸铁的力学性能，但却使铸铁获得了许多钢所不及的优良性能，如良好的铸造性能和切削性能，较高的耐磨性、减振性及低的缺口敏感性
		铁素体珠光体灰铸铁	
		珠光体灰铸铁	
	球墨铸铁		在浇注前向合格铁水中加入球化剂及孕育剂进行球化处理和孕育处理，使其石墨呈球状分布，这种铸铁称为球墨铸铁。 （1）球墨铸铁的组织与性能：碳的质量分数为3.6%~3.9%，硅的质量分数为2.0%~3.2%，锰的质量分数为0.3%~0.8%，硫的质量分数小于0.04%，磷的质量分数小于0.1%。硫和磷易产生夹杂和降低球墨铸铁的塑性，故应严格控制其含量 由于球状石墨对基体的割裂作用大大减轻，基体的塑性和韧性得以充分发挥，所以它的强度、塑性已超过灰铸铁和可锻铸铁，接近铸钢。 （2）球墨铸铁的牌号与用途：球墨铸铁的牌号由"球铁"两字的汉语拼音首个字母"QT"及两组数字组成，两组数字分别代表其最低抗拉强度和最小伸长率。例如，QT400-18用于汽车轮毂、驱动桥壳体和离合器壳，QT900-2用于汽车锥齿轮、转向节和传动轴
	可锻铸铁		可锻铸铁是由白口铸铁经长时间石墨化退火，使渗碳体分解而获得团絮状石墨的铸铁，俗称玛钢或马铁。 （1）可锻铸铁的组织与性能：可锻铸铁碳的质量分数为2.2%~2.8%，硅的质量分数为1.25%~2.0%，锰的质量分数为0.4%~1.2%，硫的质量分数小于0.2%，磷的质量分数小于0.1%。根据基体组织的不同，可锻铸铁分为铁素体基体的可锻铸铁和珠光体基体的可锻铸铁。铁素体可锻铸铁因其断口心部呈黑色，故又称黑心可锻铸铁，具有一定的强度和一定的塑性。珠光体可锻铸铁则具有较高的强度、硬度和耐磨性，塑性与韧性则较差。 （2）可锻铸铁的牌号与用途：牌号由三个字母及两组数字组成。"KT"表示可锻铸铁。KTH和KTZ中"H"表示"黑心"，即铁素体可锻铸铁；"Z"表示珠光体基体。牌号后面的两组数字分别为最低抗拉强度和最小伸长率，如KTH300-06、KTZ450-06。 常用来制造汽车上的后桥壳、转向机构壳体、曲轴和连杆等

续表

分类方法	名称	说　明
根据石墨形态不同	蠕墨铸铁	蠕墨铸铁的石墨形态介于片状和球状之间，像蠕虫状分布。 （1）蠕墨铸铁的组织与性能：蠕墨铸铁碳的质量分数为3.4%～3.6%，硅的质量分数为2.4%～3.0%，锰的质量分数为0.4%～0.6%，硫的质量分数小于或等于0.06%，磷的质量分数小于0.07%。蠕墨铸铁的力学性能介于灰铸铁和球墨铸铁之间。强度、韧性、高温强度和热疲劳性能优于灰铸铁，减振能力、铸造性能优于球墨铸铁，其强度、韧性不如球墨铸铁。 （2）蠕墨铸铁的牌号与用途：牌号用字母"RuT"及一组数字表示，数字表示最低抗拉强度，例如 RuT420、RUT380。 常用于制造活塞环、制动器、气缸盖、排气管和汽车底盘零件

二、有色金属及其合金

1. 铝及铝合金

1）工业纯铝

纯铝呈银白色，具有导电性、导热性、强度低、塑性好、易加工成形、熔点低等特点。工业纯铝可铸造各种形状的零件。另外，在大气中表面会生成致密的 AL_2O_3 薄膜，耐蚀性良好。

工业纯铝是铝的质量分数为99.00%～99.80%的纯铝。纯铝的牌号用1×××系列表示，牌号的最后两位数字表示铝的百分含量，牌号的第二位字母表示原始纯铝的改型情况。例如，1A35表示铝的质量分数为99.35%的纯铝。工业纯铝主要用于制造电线、电缆、管、棒、线、型材，以及配制合金。

2）铝合金的分类与牌号

（1）铝合金的分类。根据其成分和工艺特点不同，分为形变铝合金和铸造铝合金。

（2）铝合金的牌号。

①形变铝合金的牌号。形变铝合金的牌号用2×××～8×××表示。第一位数字表示铝合金的组别（其中主加元素为铜、锰、镁、硅和锌，分别用2、3、5、6、7表示），第二位字母表示原始合金的改型情况。A为原始合金，B~Y（按字母表次序选用）为原始合金的改型合金，如5A05、7A04等。

②铸造合金的牌号。牌号以Z（"铸"字汉语拼音首字母）为首，后加铝的元素符号，再加主要添加元素符号及其百分含量。例如，ZALSi9Mg 表示硅的质量分数为9%，镁的质量分数为1%，余量为铝的铸造铝合金。

3）铝合金的用途

常用形变铝合金的用途见表3-11。

表3-11　常用形变铝合金的用途

类别	代号	用途	类别	代号	用途
防锈铝	LF5	焊接油箱、油管、焊条、铆钉及中载荷零件和制品	硬铝	LY1	工作温度小于100℃的结构用中等强度铆钉
	LF11			LYI11	中等强度结构零件，如骨架、支架、螺旋桨叶片、螺栓和铆钉

续表

类别	代号	用途	类别	代号	用途
防锈铝	LF21	焊接油箱、油管、铆钉及轻载荷零件和制品	硬铝	LY12	高强度零件，如骨架、蒙皮、隔框、肋、梁以及铆钉等在150 ℃以下工作的零件
超硬铝	LC4	结构中主要受力件，如飞机大梁、桁架、加强框、蒙皮接头及起落架	锻铝	LD7	内燃机活塞和在高温下工作的复杂锻件
超硬铝	LC9	结构中主要受力件，如飞机大梁、桁架、加强框、蒙皮接头及起落架	锻铝	LD10	承受重载荷的锻件和模锻件
超硬铝	LC5	形状复杂、中等强度的锻件及模锻件			

注：形变铝合金是通过熔炼浇铸成锭，再经热态或冷态压力加工而制成的板材、带材、管材、棒材和线材等半成品，它有较好的塑性。

2. 铜及铜合金

1）工业纯铜

纯铜呈紫红色，具有良好的电导性、热导性、塑性和耐蚀性，易于进行压力加工，广泛用于制造电线、电缆、电刷和铜管等。

其代号用"T"加顺序号表示，共T1、T2、T3、T4四个代号，序号越大，纯度就越低。

2）铜合金

工业上常用的铜合金有黄铜和青铜。

（1）黄铜。黄铜是主要添加元素为锌的铜合金。铜锌二元合金称为普通黄铜，牌号用"H"加数字表示，数字代表铜的质量分数，如H68。黄铜可用于制成复杂的冷冲压件、散热器外壳和导管等。

在普通黄铜中再加入其他合金元素制成特殊黄铜，可以提高黄铜的强度及其他性能。加铝、锡和锰能提高耐蚀性和抗磨性，加铅可以改善切削加工性等。牌号用"H"加主合金元素符号、铜的质量分数以及合金元素的质量数表示。如HPb60-1表示铜的质量分数为60%，铅的质量分数为1%，其余为锌的铅黄铜，可用于制造销子、螺钉等冲压或加工件。

（2）青铜。青铜是除黄铜和白铜以外的其他铜合金。按其化学成分可分为锡青铜和无锡青铜。

①锡青铜是以锡为主要添加元素的铜基合金，一般锡的质量分数为3%~14%，耐磨性高，有良好的耐蚀性。锡青铜主要用于制造耐磨及弹性零件。

②无锡青铜是含铝、铍、硅、铝和锰等合金元素的铜基合金，其中铝青铜比黄铜和锡青铜有更高的强度、硬度、耐磨性和耐蚀性。无锡青铜用于制造重要弹簧和弹性元件。

锡青铜性能最优良，经固溶处理和时效后，有较高的弹性极限、疲劳强度、耐磨性和耐蚀性，用于制造重要的仪表弹簧、齿轮等。

青铜的牌号由"Q"、主加元素符号及其质量分数、其他元素的质量分数组成。

铸造青铜的牌号表示方法同铸造铝合金。

3）铜合金的用途

常用铜合金的用途见表3-12。

表3-12 常用铜合金的用途

类别	牌号	用途	类别	代号	用途
普通黄铜	H96	冷凝管、散热器管和导电零件	特殊黄铜	HPb63-3	钟表、汽车上的零件及一般机械零件
	H90	奖章、双金属片、供水和排水管		HPb60-1	热冲压及切削加工零件，如销、螺钉和垫圈等
	H70	弹壳、造纸用管、机械和电器用零件		HAL60-1-1	齿轮、蜗轮、衬套、轴及其他耐腐蚀零件
	H68	复杂的冷冲件、深冲件、散热器外壳和导管		HFe59-1-1	在摩擦及海水腐蚀下工作的零件，如垫圈、衬套等
	H62	销钉、铆钉、螺母、垫圈、导管和散热器		HSi80-3	耐磨锡青铜的代用品

任务三　非金属材料

采用非金属材料制造一些钣金件是近年来汽车材料的发展趋势。汽车上使用的非金属材料主要有橡胶、玻璃钢、塑料、无机非金属材料和复合材料。

一、橡胶

橡胶是一种有机高分子弹性化合物。橡胶具有良好的柔顺性、复原性和弹性，还具有不透水性、不透气性和绝缘性，但橡胶的抗拉强度不高、抗磨能力较差。橡胶主要用于制造垫圈，缓冲、防尘以及密封件等。

二、玻璃

1. 玻璃钢

制造全塑车身最有代表性的材料是环氧树脂玻璃钢和聚酯树脂玻璃钢。聚合作用的结果可使树脂转变成为固态。如果在聚合过程中与起增强作用的多层玻璃布结合，便获得了很好地适合于制造车身壳体的聚酯树脂材料。用于制作玻璃布的玻璃纤维丝的直径为 0.025 mm，并均匀分布于不同方向，这可以确保聚酯树脂产品具有均匀的强度和良好的力学性能。一般抗拉强度在 246 MPa（25 kgf/mm^2）以上，抗弯强度在 392 MPa（40 kgf/mm^2）以上。这种聚酯分层塑料就是人们常说的玻璃钢，简称 GRP（Glass Reinforced Plastics）。

玻璃钢车身的基本制作工艺是：当模型准备好以后，用刷子或喷枪在它的上面涂布一层液态聚酯树脂和硬化剂，然后敷以玻璃纤维或玻璃布，利用相应设备对玻璃纤维或玻璃布加压。这种程序需重复若干次，直到用这种方法制作的聚酯树脂达到所需的厚度为止。玻璃钢自行固化后，再从模型上取下进行边角修整，这相当于金属车身壳体的一整套部件或焊接组合构件。

用玻璃钢制作的轿车车身壳体，有时只分为上下两个部分。对尺寸较大的车身壳体，要按车顶、车身侧体和后壁等分成六大板块。

2. 汽车玻璃

汽车专用玻璃根据用途和加工工艺，主要分为以下几种类型。

1)钢化玻璃

通过淬火（钢化处理）可以使普通硅酸盐玻璃变得质地非常坚固。这种钢化玻璃是通过加热（一般为 600 ℃左右）使之达到软化程度时，向玻璃两面急速吹送冷风，再通过急冷进行所谓"风淬"处理而得到的。玻璃表面冷硬后形成的压应力，是使强度得到提高的机理。钢化玻璃的强度和耐冲击能力要比普通玻璃高 3～5 倍。一旦受到碰撞损伤，就会瞬时变成带钝边的小碎块，不会给人员造成更大的伤害。

然而，这个特点也有不好的一面，即重度撞击使玻璃微粒的平衡一旦破坏，就立即成为碎末状态，如图 3-2（a）所示。所以，这种全钢化玻璃不适合镶装在前风窗上。

将玻璃部分淬火形成的半（局部）钢化玻璃，是在驾驶员的主视线范围内不做淬火处理，其余部分则与全钢化玻璃相同，钢化与非钢化部分有逐渐的过渡，如图 3-2（b）所示。

图 3-2 钢化玻璃

（a）全钢化玻璃；（b）半钢化玻璃

2）夹层玻璃

夹层玻璃是针对淬火玻璃存在的不完善之处而产生的，它是迄今为止最适合于用作前风窗的安全玻璃。用两块或三块薄玻璃板，中间夹入聚丙烯酸甲酯或聚乙酸酯透明薄膜，使两层或三层玻璃黏接成为一体，形成夹层式安全玻璃。由于夹层玻璃中间的透明胶层能与玻璃取得一样的曲率，故透明度并不受夹胶层的影响。

夹层玻璃的抗弯强度虽不及钢化玻璃那样高，但也并非属于不足。因为安全玻璃的弹性也是重要的评价指标之一，而夹层玻璃的弹性恰恰比钢化玻璃优越得多，而且还具备了钢化玻璃所没有的其他特性，即当汽车发生冲撞时的抗冲击能力和较强的抵抗变形能力，当玻璃受到重创破损时，黏接起来的玻璃也不会像钢化玻璃那样顷刻间变成碎片。许多试验和实践都证明，夹层玻璃可以有效地减轻撞击事故发生时玻璃碎片对人员的伤害。

3）特种用途玻璃

特种用途窗玻璃一般是在钢化玻璃的基础上，通过专门的工艺加工出来的具有特殊功能的汽车玻璃。

为了使车窗玻璃具有遮挡阳光照射的功能,在硅酸盐玻璃中加入微量的 Co(钴,蓝色)、Fe(铁,红褐色)或其他金属元素,便成了能够抵抗紫外线照射的着色玻璃。有些着色玻璃还能随阳光的强弱自动变化色度,以减少乘客眼睛的疲劳程度,增加了乘坐的舒适性。

前风窗的上部也适于着色,以遮挡阳光对驾驶员的照射。但这种着色玻璃的颜色是逐渐过渡的,在驾驶员正常视野范围内仍为无色透明的。

还有,将能够接收无线电信号的天线夹在玻璃内或印刷于玻璃表面,就使风窗玻璃有了接收无线电信号的功能;将电热金属粉按一定的宽度与间隔,在生产过程中与玻璃烧结在一起,通电后就有了除霜的功效。这些都是近年来汽车玻璃家族中涌现出来的有特殊功能的新产品。

三、塑料

塑料以质量小、坚固和易着色等特点,在汽车材料中应用范围逐渐扩大,除了采用塑料钣金件外,大约每辆汽车还有几百个塑料零件。采用塑料钣金件后,汽车的质量可以减小 40% 左右,大大地降低成本。

1. 塑料的组成及特性

塑料是以天然树脂或人造树脂为基体,加入填充剂、增塑剂、润滑剂和着色剂等制成的高分子有机物。有些塑料本身不需加入任何添加剂,如有机玻璃。

塑料的主要特性如下:

(1)密度小,吸水率低。塑料的密度为 $0.9 \sim 2.3 \ g/cm^3$,只有钢的 $1/8 \sim 1/4$。

(2)化学稳定性好。塑料对酸、碱、盐和有机溶剂有良好的抗腐蚀作用。

(3)比强度(强度与密度的比值)高。尽管塑料的强度低于金属,但由于其密度小,比强度相当高。

(4)良好的绝缘性。所有塑料都有良好的绝缘及耐电弧特性,可与陶瓷、橡胶及其他绝缘材料相提并论。在汽车电器设备上塑料被广泛应用。

(5)良好的耐磨、减磨和自润滑性能。多数塑料摩擦系数小,耐磨性能好,可作为减磨材料,用于制造各种自润滑轴承、密封圈以及齿轮等。

(6)良好的吸振性能。

2. 汽车钣金常用塑料及制品

汽车钣金常用塑料及制品见表 3-13。

表 3-13 汽车钣金常用塑料及制品

名 称	说 明
聚氯乙烯(PVC)	PVC 塑料在汽车钣金中应用较广
聚苯乙烯	主要用于制造各种仪表外壳、指示灯灯罩等
低压聚乙烯	用于制造一般结构零件,如玻璃升降器塞、手柄和杂件箱等

续表

名　称	说　明
ABS 塑料	ABS 塑料是由苯乙烯、丁二烯、丙烯腈所组成的树脂塑制而成的。它具有良好的综合性能，常用于制造转向盘、散热器罩、仪表板总成、车顶天窗以及挡泥板等
聚丙烯	聚丙烯是塑料中密度最小的一种，仅为 $0.90 \sim 0.91 \text{ g/cm}^3$，在汽车上可用于制造正时齿轮、散热器罩、变速器体、蓄电池外壳及挡泥板
有机玻璃	有机玻璃是一种高透明度的塑性塑料，透光率可达 90%，是高级透明材料，常用于制造指示灯保护镜、遮阳板、门窗玻璃及钣金装饰部件等
尼龙和聚甲酯	尼龙和聚甲酯都具有耐磨性，可用于制造正时齿轮、转向节衬套等
聚四氟乙烯	聚四氟乙烯属于减磨材料，它的耐高温、耐腐蚀和绝缘性能均好优其他塑料。即使在 250 ℃下使用 24 h，其力学性能也不下降，有"塑料王"之美称，常用于制造密封圈、垫片一类的减磨片
聚苯氯	聚苯氯属于耐高温零件用的塑料，可在 $-127 \sim 121$ ℃工作，因此多用于制造在较高温度下工作的齿轮、轴承及水泵类零件
泡沫塑料	泡沫塑料有聚氨酯泡沫和聚乙烯泡沫塑料两种。前者主要用于制作车身装饰构件；后者属于隔热、减振材料，用于制作地毯、密封条等

四、无机非金属材料

无机非金属材料主要有玻璃、石棉、陶瓷、毛毡、皮革、纸板和木板等。这些材料主要用于汽车的内部装饰，其中以安全玻璃应用较为突出。

玻璃是汽车上必不可少的材料。汽车速度高，因此对前风窗玻璃的安全性要求更高。其突出特点是：要求在前风窗玻璃被撞击而破裂时，能够避免飞来物进入车内，保护乘员安全。

五、复合材料

两种或两种以上不同化学性能或不同组织结构的材料以一定的形式组合成的材料，称为复合材料。它的优点是克服了单一材料的某些弱点，充分发挥材料的综合性能。

复合材料在汽车上应用广泛，如以石棉和酚醛等树脂制成的高摩擦系数的材料用于制作汽车的制动片；玻璃钢用于制作保险杠、挡泥板和车身壳体等。复合材料在汽车上的应用将越来越广泛。

六、密封剂

汽车车身焊修组装后，会留下各种缝隙（如车顶排水槽、车顶钣金、地板接缝、车门钣金折边、门和窗玻璃与框架以及门把手孔口等）。密封剂的作用就是将缝隙密封住，防止雨水、尘土侵入车身构件内和车舱内。这种方法与橡胶条密封相比，具有工艺简便、接合牢固和玻璃不易错动等优点。

目前，常用的密封剂有 PVC 塑胶、合成橡胶和树脂（如环氧树脂、聚氨酯树脂等）。

思考与练习

一、填空题

1. 金属材料的性能主要指材料的 _____ 和 _____。
2. 金属的导电性通常用 _____ 来衡量，_____ 越小，金属的 _____ 越好。
3. _____ 是决定钢性能最主要的元素，钢中的 _____ 对钢性能也有一定的影响。
4. _____ 呈银白色，具有 _____、_____、_____、_____、_____。

二、选择题

1. 下列对工业纯铜表述正确的是（ ）。
   A．鲜红色
   B．导电性差
   C．易于压力加工
   D．导热性差
2. 下列对橡胶表述错误的是（ ）。
   A．高分子弹性化合物
   B．柔顺性良好
   C．不透水
   D．抗磨能力强
3. 下列不属于汽车专用玻璃类型的是（ ）。
   A．硫化玻璃
   B．夹层玻璃
   C．钢化玻璃
   D．特种用途玻璃

三、问答题

1. 汽车非金属材料有哪些？

2. 金属材料的基本性能有哪些？

3. 汽车哪些部位有塑料零件？

课题四

钣金基本工艺

学习任务 →

1. 掌握各种切割与焊接的原理和方法。
2. 掌握车身变形的测量方法与原理。
3. 掌握车身变形的矫正方法。

技能要求 →

1. 能够使用各种切割与焊接设备。
2. 能够对车身变形量进行测定。
3. 能够固定车身并对车身变形进行矫正。

任务一 车身修复的切割与焊接

将汽车上的零部件连接在一起的方法有三大类，即机械连接、焊接和黏接。在汽车钣金修理作业中，焊接占的比例最大。因此，了解各种焊接方式的特点、设备使用性能以及适用范围是十分必要的。

按照焊接过程的物理特性不同，焊接方法可归纳为三大类，即熔化焊、压力焊和钎焊，如图4-1所示。

熔化焊是将被焊金属在焊接部位加热到熔化状态，并向焊接部位加入熔化状态的填充金属（焊条），冷凝以后，两块被焊件即形成整体的焊接方法。根据熔化方式不同，熔化焊又分成气焊、电弧焊、电渣焊和等离子焊等六种方法。其中气焊、电弧焊在汽车修理中使用最多。

用电极对金属焊接点加热使其熔化并施加压力，使工件焊接在一起的方法称为压力焊。各种压力焊中，电阻焊的点焊方法因为不会使焊件产生变形，所以在汽车修理中获得广泛的应用。

钎焊是采用熔点低于母材的钎料（钎焊填充材料）加热熔化滴在焊接区域，将工件焊接成一体的焊接方法，如铜焊、锡焊。由于钎焊时工件受热的温度低于工件材料的熔点，不影响工件的整体形状,被广泛用于对水箱、油箱等的修理作业中。

车身各部位的焊接方式如图4-2所示。车身修理前,先要查阅汽车制造厂家提供的汽车维修说明书,了解各部位焊接的特点。修理时要尽量采用点焊法或气体保护焊。

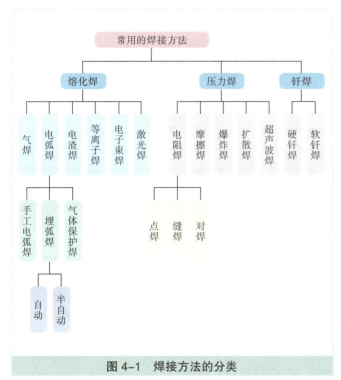

图4-1 焊接方法的分类

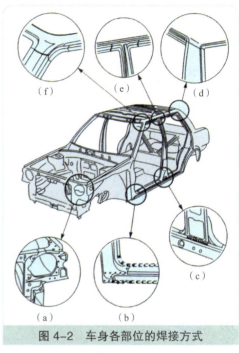

图4-2 车身各部位的焊接方式

(a),(b)电阻点焊;(c)CO_2气体保护焊;
(d),(e),(f)钎焊

一、氧乙炔焊

氧乙炔焊俗称为气焊,它是熔化焊的一种形式。气焊是利用乙炔和氧气在一个腔内混合,通过焊嘴点燃产生高温,将焊条和母材金属熔化焊接在一起。

1. 气焊设备

图4-3所示为典型的气焊设备组成示意图,通常包括以下几个部分。

(1)钢瓶,分别装有压缩的氧气和乙炔气。

(2)各种调节减压装置,用于将氧气瓶、乙炔瓶出口压力调至规定数值,供焊接用。

(3)各种软管,用于连通气瓶和焊炬。

图4-3 典型的氧乙炔焊接和切割设备

1—氧气瓶;2—双芯软管;3—氧气软管;4—氧气调节器;
5,11—工作压力表;6—氧气软管接头;7—乙炔软管接头;
8—焊(割)炬;9—焊嘴;10,12—气瓶压力表;
13—乙炔阀扳手;14—乙炔调节器;
15—乙炔软管;16—乙炔气瓶

（4）焊炬，将氧气和乙炔气体输入到焊炬内以适当的比例混合，从焊嘴出口燃烧，产生加热火焰，使被焊接钢材熔化。

使用焊炬之前，应根据焊件的板厚、焊接方法选择适用的焊嘴。一般薄板选用小号焊嘴，厚板选用大号焊嘴。焊嘴装在焊炬端部时应拧紧。

点燃焊炬之前，应先检查焊嘴、气阀及其管道有无漏气现象。检查方法是：先打开氧气阀1/4圈，再打开乙炔阀门一圈，检查有无堵塞和漏气，确认其可靠之后再点燃火焰。点火后，焊嘴应朝下方，并远离可燃物。此时，缓慢开启氧气阀，火焰将由黄色的乙炔焰变成蓝色的碳化焰，如图4-4（a）所示。碳化焰焰芯是蓝白色的，外围包着一层蓝色的火焰，轮廓不十分清楚，外焰呈橘红色。慢慢关闭乙炔阀门直到焊嘴处呈现一个很清晰的内焰芯，这时称为中性焰，如图4-4（b）所示。中性焰的焰芯也是蓝白色的，轮廓清晰，外焰呈淡橘红色。继续关闭乙炔阀门或打开氧气阀门，焊嘴处将出现一个更小的淡蓝色焰芯，此时称为氧化焰，如图4-4（c）所示。氧化焰内芯看不清楚，焊接时会发出急剧的"嘶嘶"声。

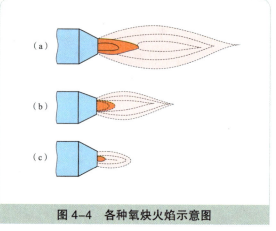

图4-4 各种氧炔火焰示意图

（a）碳化焰；（b）中性焰；（c）氧化焰

2. 气焊工艺参数的选择

1）火焰类型的选择

火焰类型取决于焊接母材的材质。碳钢类材料多采用中性焰焊接，铝合金及铝板材料多采用碳化焰焊接，金属板料切割多采用氧化焰切割。

各类火焰的适用范围见表4-1。

表4-1 各类火焰的适用范围

火焰类型	特　点	适用范围
中性焰	混合气中氧气的含量正好保证乙炔完全燃烧，焊嘴处呈现很清晰的内焰态。这种火焰对炽热或熔化的金属没有明显的碳化和氧化作用，故广泛应用于金属焊接中	低碳钢件、紫铜件焊接
碳化焰	混合气中氧气含量不足以使乙炔完全燃烧，火焰内有过剩的碳和氢，在焊嘴处呈现出两层白焰芯。碳化焰温度较低，当用以焊接碳钢材料时，会熔化金属，有渗碳作用，导致金属变脆	高碳钢、铝合金焊接，金属板料切割，镀锌钢板、一般铝板焊接
氧化焰	混合气中氧气含量大于乙炔完全燃烧所需的比例量，火焰内有过剩的氧气，焊嘴处呈现蓝白色焰芯。这种火焰对炽热的金属有氧化作用，会降低焊缝质量，大多用来切割金属	金属板料切割

2）焊嘴的选择

焊嘴的大小决定了火焰的能率。单位时间内火焰所提供的热能的大小代表火焰的能率。

大号的焊嘴，火焰能率高，适于厚板的焊接。表4-2中给出了H01-6型焊炬配用各种焊嘴的适用范围。

表4-2 H01-6型焊炬配用各种焊嘴的适用范围

焊件厚度/mm	0.5~1.5	1.5~2.5	2~3	3~5	5~7
焊炬型号	H01-6				
焊嘴号码	1~2	2	2~3	3~4	5

汽车钣金件金属板厚多在1.5 mm左右，因此，2号焊嘴使用最多。

3）焊丝的选择

（1）焊丝应选用与焊件相同的材料，汽车钣金件多为低碳钢板，选用一般铁丝即可。

（2）焊丝直径与焊件厚度、坡口形式和操作方式有关。焊丝过细，焊接时焊件尚未熔化而焊丝已熔化下滴，焊接不良；焊丝过粗，则焊件熔化而焊丝尚未熔化，势必增加焊件接头区加热时间，使金相组织改变，降低了焊接质量。

对于薄板的焊接，焊丝直径与厚度相同即可。对于不同材料和性能要求的焊件，应采用不同的焊丝。表4-3所示为不同牌号的焊丝用途。

表4-3 不同牌号的焊丝用途

焊丝牌号	代号	用途
焊08	H08	焊接一般低碳钢
焊15高	H15A	焊接中等强度工件（碳素结构钢）
焊10锰2	H10Mn2	焊接重要的碳素钢及普通低合金钢
焊10锰硅	H10MnSi	焊接普通低合金钢
焊0铬21镍10	H0Cr21Ni10	焊接各种型号不锈钢
丝401A	S401A	焊接灰铸铁
丝201	S201	焊接紫铜
丝301	S301	焊接纯铝和要求不高的铝合金

4）焊嘴倾角与焊丝倾角的选择

（1）焊嘴的倾角一般应考虑焊件厚度、施焊位置和焊件材料的热物理性质诸因素。厚度大、材料熔点高、导热性良好时，焊嘴倾角可取大一些；反之，倾角应减小。低碳钢水平位置焊接时，焊嘴倾角与焊件厚度的关系如图4-5所示。

（2）气焊时焊丝相对于焊嘴的角度一般在90°~100°之间，如图4-6所示。

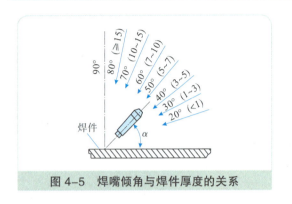

图4-5 焊嘴倾角与焊件厚度的关系

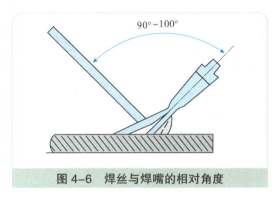

图4-6 焊丝与焊嘴的相对角度

3. 气焊的操作方法

气焊的操作方法有左焊法和右焊法两种。焊炬从右向左移动的焊接方法称为左焊法；焊炬从左向右移动的焊接方法称为右焊法，如图4-7所示。

对于较长的焊缝，应事先间隔焊上若干点，以保持整个焊缝位置相对固定，然后采取分段或逆向焊接完成整个焊缝的焊接，如图4-8所示。

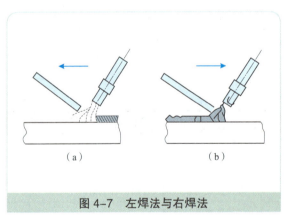

图4-7 左焊法与右焊法

（a）左焊法；（b）右焊法

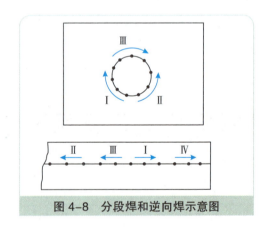

图4-8 分段焊和逆向焊示意图

1) 气焊的工艺要点

施焊时，应保证焊丝和金属焊接处材料同时熔化，在焊缝烧合后，焊嘴应及时离开。为提高焊接质量，防止焊接变形，施焊时应注意以下几点：

（1）对于较薄的钢板，如1mm厚的钢板，焊接时应用小号焊炬，即3号焊嘴，焊丝直径为2mm左右。

（2）焊接方向以左焊为宜，这样可减小焊件受热变形，防止烧穿。施焊时，焊接速度应迅速，焊缝一次完成，焊炬移动时应平稳。

（3）焊嘴与焊件的倾斜角应根据板料厚度确定，施焊 1 mm 厚的板料，倾角为 20°；焊接 2 mm 厚的板料，倾角应为 60°～70°。起焊预热时，应适当增大倾斜角；焊接终了时，倾斜角应略减小。

（4）焊接部件边缘的裂缝，应从裂缝尾部开始起焊，焊嘴指向焊件外面，以防止部件受热变形或焊后开裂；对较长的焊缝，可事先点焊几处，再分段焊接。

（5）根据焊接材料性质和火焰种类选择合适的火焰。对于需要尽量减少元素烧损或增碳的材料，应选用中性焰；对于母材含有沸点低的元素，如锡、锌等，需要生成氧化物薄膜覆盖在熔池表面，以保护此类元素不再蒸发，故应选用氧化焰；对于中合金钢、高合金钢、铝及其合金等材料，可适当选用碳化焰。

2）气焊的具体操作步骤

（1）起焊。焊接时，火焰在起焊处往复移动，保证焊接处温度均匀升高。此时焊嘴倾角应大些，以使焊件尽快预热。如果两焊件厚度不同，火焰应稍偏向厚度大的一侧，保证两边材料同时熔化，并在焊缝中间形成熔池。当焊点出现明亮而清晰的熔池时，焊丝即可加入。

（2）填充焊丝的方法。当熔池形成以后，火焰稍稍后退，并同时利用火焰外层加热焊丝末端。焊丝熔滴送入熔池后，抬起焊丝，火焰稍靠近熔池，使焊缝处熔化金属均匀分布。火焰前移，又会形成新的熔池。如果火焰能量高，金属熔化速度快，焊丝可保持在火焰前端，使熔化的焊滴连续滴入熔池。焊后的焊缝宽度和形状应保持均匀。

（3）焊嘴和焊丝的摆动。正常气焊时，焊丝与焊件表面倾斜角为 35°左右；焊丝与焊嘴中心线的夹角为 100°左右，保证焊缝均匀、牢固，为防止焊件过热或烧穿，焊丝与焊嘴应随时协调摆动。

（4）接头与收尾。在焊缝处重新起焊时，应将原熔池充分加热，使原熔池充分熔化后再熔入焊丝。收尾时，由于焊件温度较高，应减小焊嘴倾角，加速焊接过程，并适当多熔入焊丝，以防止熔池面积扩大。

（5）焊接方向的确定。左焊法操作简便，适于焊接薄板件和熔点低的金属；右焊法焊接火焰指向焊缝已焊部位，对熔池保护效果好，不易产生气孔、夹渣，冷却速度较慢，焊缝组织得以改善，但此法不易掌握，多用于厚度较大的材料的焊接。

4. 气焊作业的操作要点

由于板面的位置和焊缝的方向不同，气焊作业会有某些特殊要求。例如，同样是水平板面，焊缝在上表面称为平焊，焊缝在下表面称为仰焊；同样是立面板面，焊缝沿板的纵向称为立焊，沿横向则称为横焊等。各种不同位置上的气焊作业，在汽车钣金修理中都会碰到，有必要了解它们的特殊要求。

立焊、横焊和仰焊的焊嘴、焊丝运动示意图，如图 4-9 所示。表 4-4 给出了不同位置焊接的操作要点。

课题四 钣金基本工艺

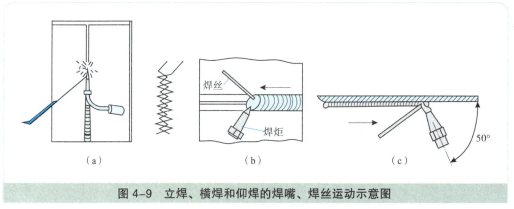

图 4-9 立焊、横焊和仰焊的焊嘴、焊丝运动示意图
（a）立焊；（b）横焊；（c）仰焊

表 4-4 不同位置焊接的操作要点

焊 法	焊缝位置	操作要点	焊 嘴
平焊	板面水平，焊缝在上表面，任意方向	（1）焊接切口对正、对齐，放平。 （2）间隔 40~50 mm 点焊一点，再连续焊接。 （3）保持火焰焰芯的末端距表面 2~6 mm	按表 4-2 选用焊嘴
立焊	与水平面成 45°~90° 的倾斜板面，焊缝沿板纵向（立缝）	操作要点与平焊基本相同，但火焰能率应略低于平焊。焊接要由下至上进行，焊炬不能做纵向摆动，每次向熔池送焊丝少一些，也可做微小横向摆动	选用比平焊小一号的焊嘴
横焊	在工件立面或斜面上沿着横向焊接	操作要点与平焊基本相同，但火焰能率应高于平焊。 （1）采用自右向左的焊接方法。 （2）火焰气流直接朝向焊缝，利用气流压力阻止金属流下。 （3）焊接时焊丝始终浸在熔池中，并做环形运动，与熔池略带倾斜	选用比平焊小一号的焊嘴
仰焊	焊缝位于水平板面下方（或斜面下侧），焊工仰视焊接	（1）采用较细的焊丝和小火焰能率的焊嘴。 （2）采用右焊法，利用焊丝末端和气流压力防止熔化金属流下。 （3）焊嘴与工件夹角约为 50°，焊丝与工件表面保持 30°~40°。 （7）严格控制熔池的大小和温度，使液态金属始终处于较稠状态	选用比平焊小一号的焊嘴

二、金属惰性气体焊

车身多以薄钢板冲压成形，对薄钢板的焊接又很容易产生焊接应力，造成穿孔、变形，使焊接难度增大。金属惰性气体焊（MIG）也称惰性气体金属电弧焊（GMAW），最适宜焊接汽车车身所采用的薄型高强度钢板。其中最为常见的 CO_2 保护焊，就是惰性气体保护电弧焊的一种。CO_2 保护焊能够有效地限制焊缝周围的热量，不仅能够抑制上述不良状况，而且具有工作环境清洁、作业效率高和焊接质量好等优点，是汽车车身维修中普遍采用的一种焊接方法。

1. 金属惰性气体焊的工作原理

图 4-10 所示为金属惰性气体焊的工作原理。惰性气体焊使用一根焊丝，焊丝以一定的速度自动进给，在母材和焊丝之间出现短弧，短弧产生的热量使焊丝熔化，将母材焊接起来，实现半自动电弧焊接。在焊接过程中，惰性气体对焊位实施保护，以免母材被空气氧化，所使用惰性气体的种类由需要焊接的母材决定。大多数钢材都用二氧化碳（CO_2）进行气体保护焊，对于铝材则采用氩气或氩、氦混合气进行气体保护焊。

金属惰性气体焊的工作过程可概括如下：

（1）焊丝在焊接部位经过"短路→燃弧→短路→燃弧"等循环过程，每一次短路电弧焊丝都从端部将微小的熔滴转移到母材熔池中。

（2）在焊丝周围有一层惰性气体保护层，以免焊缝被氧化。

（3）焊丝采用自动进给，连续焊接。

（4）在整个焊接过程中，母材受热量小，变形小，不致影响钣金件整体几何形状。

MIG 焊与其他焊接方法相比，有如下特点：

（1）可进行高速焊接。

（2）焊接时工件变形小。

（3）工件加热区可控制，热影响区较小，如图 4-11 所示。

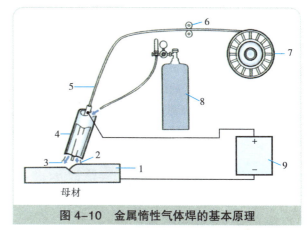

图 4-10 金属惰性气体焊的基本原理

1—焊缝金属；2—CO_2 气体；3—电弧；4—焊枪喷嘴；
5—焊丝；6—送丝滚轴；7—焊丝卷轴；
8—CO_2 气瓶；9—焊机电源

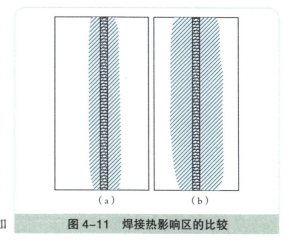

图 4-11 焊接热影响区的比较

（a）MG 焊热影响区；（b）氧乙炔焊热影响区

2. 金属惰性气体焊的焊接设备

汽车车身修理用的气体保护焊的焊接设备大多是半自动的，在其焊接过程中，设备自动运行，但焊枪需用手来控制。气体保护焊的焊接设备如图 4-12 所示，其基本组成部分如下：

（1）存储惰性气体的钢瓶、减压装置以及输送管道系统。

（2）送丝控制装置。

（3）配备指定规格的成卷的焊丝。

（4）供焊接用的机内电源装置。

（5）电缆及接线装置。

图 4-12 金属惰性气体焊的焊接设备

（6）焊枪和电缆。

气体保护焊所需的惰性气体由专门的工厂装瓶供给，有二氧化碳气体和氩气与二氧化碳的混合气体两种。

气体保护焊的焊丝是选用 H08Mn2Si 或 H08Mn2SiA 合金钢丝制成的。汽车车身钣金件厚度为 1.5～2.5 mm 时，焊丝直径为 0.4～0.8 mm。

气体保护焊对电源电压稳定性要求较高，一般将电源、送丝装置、焊丝都装在机箱内，并有调节电压和送丝速度的设施。

气体保护焊电源都是直流的，一般情况下，焊丝接正极，工件接负极，俗称为反接法。由于反接法电弧稳定、飞溅小、熔深大、焊缝中含氢量低，所以在汽车修理中多采用反接法。

3. 金属惰性气体焊的焊接要求

1）焊接电流与电弧电压

根据起弧后的工作状态，可判断电压调整的是否合适。如果焊接时能听到一股连续的"咝咝"声或轻微的爆裂声则为正常。从焊缝观察，电压提高则弧长增加，熔深变浅、焊缝宽平，并使飞溅增加。电压降低则弧长减小，熔深变深、焊缝窄尖，并且所见电弧减小。电弧电压和焊缝的形状如图 4-13 所示。

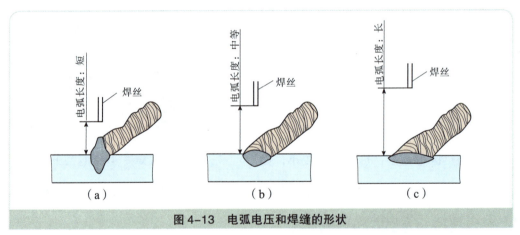

图 4-13　电弧电压和焊缝的形状

（a）电弧电压低；（b）电弧电压中等；（c）电弧电压高

焊接电流的大小会影响母材的焊接熔深、焊丝熔化速度、电弧的稳定性、焊接溅出物的数量。随着电流增大，熔深、剩余金属的高度和焊缝宽度也会增大，如图 4-14 所示。表 4-6 推荐了焊丝直径、焊件厚度、焊接电流三者之间的正确关系，可供焊接作业时参考。

2）导电嘴到母材的距离

焊枪导电嘴与焊接表面之间的距离是影响焊接质量的重要参数（一般规定为 8～15 mm），如图 4-15 所示。若此距离过大，焊丝的伸出量就长，同时保护气体的屏蔽作用也相应减弱。距离过小也不好，焊丝端头被喷嘴挡住，使观察焊接质量和行进都有困难。

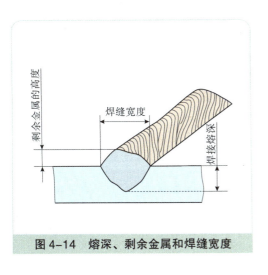

图 4-14 熔深、剩余金属和焊缝宽度

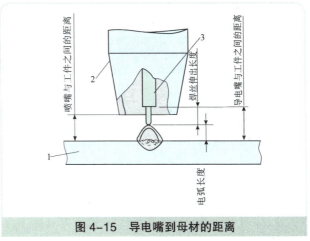

图 4-15 导电嘴到母材的距离

1—工件；2—气体喷嘴；3—导电铜管

3）焊接速度

经验表明，速度过快将会使熔深、熔宽变小，焊缝呈尖形并且容易发生咬边现象，而焊接速度过慢则会造成焊件烧穿，运枪速度对焊道形状的影响如图 4-16 所示。正确的焊接速度由焊件板厚及电压所决定，一般参照表 4-5 中所推荐的焊接速度即可。

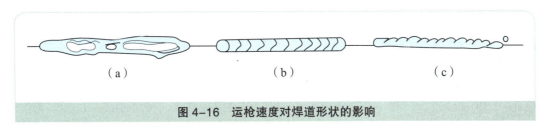

图 4-16 运枪速度对焊道形状的影响

(a) 过缓易使焊件烧穿；(b) 速度适当熔深合适；(c) 过快易造成熔深不足

表 4-5 焊接速度的确定

钢板厚度 /mm	0.8	1.0	1.2	1.6
焊接速度/ ($cm \cdot min^{-1}$)	105 ~ 115	100	90 ~ 100	80 ~ 85

焊接过程产生均匀而且尖锐的噪声即表示焊丝与热量比率正常。可通过观察来判断送丝速度是否合适。若随着电弧的缩短，稳定的反光亮度开始减弱，此时送丝速度合适。如果送丝太慢，随着焊丝在熔池内熔化并熔敷在焊接部位，可以听到"啪哒"声，此时反光亮度增强。送丝速度太快，将堵塞电弧，此时熔敷速度大于熔池吸收速度，产生飞溅现象，并伴有频闪弧光。

CO_2 气体保护焊的工艺参数见表 4-6。

课题四 钣金基本工艺

表 4-6 CO_2 气体保护焊工艺参数

材料厚度 /mm	坡口形式	装配间隙 b /mm	焊丝直径 /mm	焊接电流 /A	电弧电压 /V	气体流量 /(L·min^{-1})
≤ 1.2 1.5	(对接，间隙 b)	≤ 0.5	0.6 0.7	30 ~ 50 60 ~ 80	18 ~ 19 19 ~ 20	6 ~ 7
2.0 2.5		≤ 0.5	0.8	80 ~ 100	20 ~ 21	7 ~ 8
3.0 4.0	(70°坡口)	≤ 0.5	0.8 ~ 1.0	90 ~ 115	21 ~ 23	8 ~ 10
≤ 1.2 1.5 2.0 2.5 3.0 4.0	(T形接头)	≤ 0.3 ≤ 0.3 ≤ 0.5 ≤ 0.5 ≤ 0.5 ≤ 0.5	0.6 0.7 0.7 ~ 0.8 0.8 0.8 ~ 1.0 0.8 ~ 1.0	35 ~ 55 65 ~ 85 80 ~ 100 90 ~ 110 95 ~ 115 100 ~ 120	19 ~ 20 20 ~ 21 21 ~ 22 22 ~ 23 21 ~ 23	6 ~ 7 8 ~ 10 10 ~ 11 10 ~ 11 11 ~ 13 13 ~ 15

4. 金属惰性气体焊的焊接方法

1) 焊枪的操纵

将焊枪前端靠近焊件，按动开关便开始送丝，保护气体也同时喷出。此时只要操纵焊枪使焊丝端头与焊件金属表面接触即可起弧。如果焊丝顶端形成熔球，应将其剪断，否则会影响起弧。枪口处的焊接飞溅物也会影响送丝、送气，使用前应预先清理干净。

施焊过程中，应注意观察板件、焊丝的熔化情况及焊道的连续性，同时注意不要让焊丝偏离接缝。如果接缝较长，最好先暂焊一下，分段的焊道应有重叠，起弧时应在上一段焊道末端前面一点，起弧后迅速回拉至下一段焊道起点，如图 4-17 所示。焊道的高度和宽度也应力求一致，因为熔深不足将影响焊缝强度。反之，熔深过大则易将焊件烧穿，并给打磨工作造成一定困难。

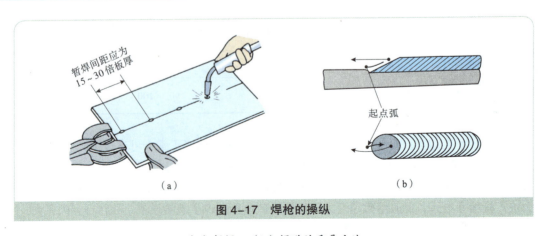

图 4-17 焊枪的操纵

(a) 暂焊；(b) 焊道的重叠方法

2）焊接方法

CO_2 气体保护焊的焊接方法有6种，如图4-18所示。

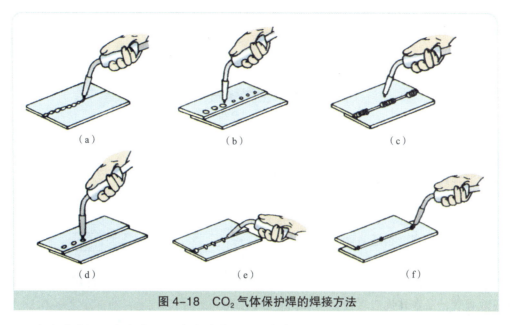

图4-18　CO_2 气体保护焊的焊接方法

（a）连续焊；（b）塞焊；（c）连续点焊；（d）点焊；（e）搭接点焊；（f）定位焊

（1）对接焊。对接焊是将两块金属板边缘对齐进行焊接的工艺方法。

车身维修作业中局部更换金属覆盖件时，往往需要这种类型的焊接。对接焊可以分为端口对接焊（两焊件端面对齐）和角对接焊（两焊件垂直相接）两种。无论何种形式的对接焊，均应以15～20倍的板厚间隔先行定位暂焊。

对接焊一般采用左向焊施焊的方法，因为左向焊便于观察，可防止发生偏焊。除了低于0.8 mm以下的薄钢板（连续焊接容易烧穿）以外，一般都要连续焊接。

对接焊操作时一般应注意以下几方面：

①选好定位点做定位点焊，以防止金属板焊接时发生变形。

②确定分段焊接的顺序。在点焊定位之后，焊接过程应分步进行。正确的分段焊接应当使上一段的焊缝能自然冷却，不致受下段焊接的热影响。每一段焊接长度最好不超过20 mm。对接焊应从焊缝中部开始，向左右两侧依次交替进行，才能有效防止金属板弯曲变形。如果从边缘开始焊接，将产生热量的聚集，造成金属弯曲变形。正确的做法如图4-19所示，沿一条直线将焊缝分段，每焊完一段，下一个焊接位置都应在温度最低处。

③试焊。调节导电嘴至母材的距离和焊炬移动的速度，直至获得最佳焊缝，然后进行实际的焊接。

④母材厚度超过2 mm时，对接焊前应磨出V形槽，使熔深抵达底部。

课题四　钣金基本工艺

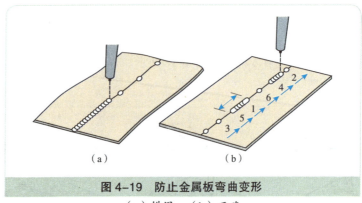

图4-19　防止金属板弯曲变形
（a）错误；（b）正确

（2）塞焊。两块金属板叠在一起，在其中一块板上钻有通孔，电弧穿过此孔并被熔化金属填满而形成焊点的焊接方法称为塞焊。

用气体保护焊进行塞焊是车身维修中应用比较广泛的一种焊接形式，很适宜两块钢板的搭接。塞焊前应将其中一块钢板钻孔或冲孔，如图4-20所示，并将其夹紧以确保贴合紧密。塞焊时焊枪要与焊件表面垂直，沿塞孔周边缓慢运枪绕向中心，如图4-21（a）所示。当孔径较小时，可将焊枪直接对准中心不动，将孔焊平。塞焊的焊点应以略高出焊件平面为宜，过高将给打磨带来困难，过低则使强度不足，甚至造成脱焊，如图4-21（b）所示。

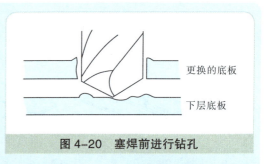

图4-20　塞焊前进行钻孔

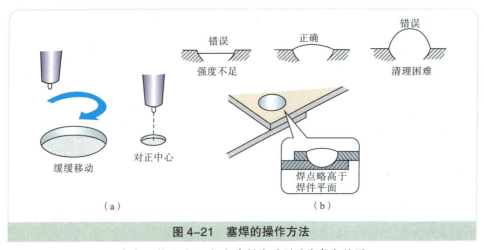

图4-21　塞焊的操作方法
（a）运枪方法；（b）塞焊点的剖面分析与熔深

5. 气体保护焊的缺陷分析

表4-7给出了气体保护焊常见的缺陷及产生的原因。

表 4-7 气体保护焊常见的缺陷及产生的原因

缺　陷	缺陷状态	说　明	主要原因
气孔和凹坑	凹坑　气孔	气体进入焊接金属中会产生气孔或凹坑	（1）焊丝上有锈迹或水分； （2）母材上有锈迹或污物； （3）不适当的阻挡（喷嘴堵塞、弯曲或气体流量小）； （4）焊接时冷却速度太快； （5）电弧太长； （6）焊丝规格不合适； （7）气体被不适当地封闭； （8）焊缝表面不干净
咬边		由于过分熔化的母材形成一个凹槽，使母材的横截面减小，严重降低了焊接部位的强度	（1）电弧太长； （2）焊炬角度不正确； （3）焊接速度太快； （4）电流太大； （5）焊炬送进太快； （6）焊炬角度不稳定
熔化不透		这种现象发生在母材与焊接金属之间，或发生在两种熔敷金属之间	（1）焊炬进给不适当； （2）电压较低； （3）焊接部位不干净
焊瘤		角焊比对接焊更容易产生焊瘤。焊瘤会引起应力集中而导致过早腐蚀	（1）焊接速度太慢； （2）电弧太短； （3）焊炬送进太慢； （4）电流太小
焊接熔深不够		由于金属板熔敷不足而产生	（1）电流太小； （2）电弧过长； （3）焊丝端部没有对准两层金属板的对接位置； （4）槽口太小
焊接溅出物过多		过多的溅出物在焊缝的两边形成许多斑点和凸起	（1）电弧过长； （2）母材金属生锈； （3）焊炬角度太大
溅出物（焊缝浅）		在角焊缝处容易产生溅出物	（1）电流太大； （2）焊丝规格不正确
垂直裂纹		裂纹通常只发生在焊缝顶部表面	焊缝表面被脏物（油漆、油污、锈斑）弄脏
焊缝不均匀		焊缝不是均匀的流线型，而是不规则的形状	（1）导电嘴的孔被损坏或变形，焊丝通过嘴口时发生振动； （2）焊炬不稳
烧穿		焊缝内有许多孔	（1）焊接电流太大； （2）两块金属之间的坡口槽太宽； （3）焊炬移动速度太慢； （4）焊炬至母材之间的距离太短

三、手工电弧焊

手工电弧焊是分别以手工操作的焊条和焊接零件作为两个电极,利用焊条与焊件之间产生的电弧的热量熔化焊条和金属,使构件焊接在一起的方法。

手工电弧焊的特点是所用设备简单,操作方便、灵活,适合于多种条件下的焊接。特别是对于结构复杂、焊缝短小、作业空间狭窄及高位作业等,有其他焊接方式不可比拟的优越性,被广泛地应用于汽车车身维修行业。

1. 手工电弧焊的工作原理

手工电弧焊机通常分为两类:交流弧焊机和直流弧焊机。交流弧焊机适宜使用钛钙型焊条焊接低碳钢构件,直流弧焊机适宜使用低氢型焊条焊接重要构件。

交流弧焊机相当于一台可变电压与电流的变压器。对照图4-22所示的电路结构,可大致了解漏磁式交流弧焊机的构造及其工作原理。相当于变压器的铁芯分为两部分,即形成固定边框的静铁芯和位于中间可移动的动铁芯。变压器初级绕组绕在静铁芯的一侧;次级绕组一部分紧绕在初级绕组的外部,另一部分绕在静铁芯的另一侧。前一部分起建立电压的作用,后一部分相当于一个起降压作用的电感线圈,位于变压器中间的动铁芯起磁分路的作用。变动其与静铁芯的相对位置,以漏磁量的变化来实现对输出电流的调整。电流调节分粗、细两挡,其中粗调可拨动跳位开关选择次级绕组的匝数;细调可移动铁芯位置,向外调磁阻增大,漏磁减小,电流增大,反之则电流减小。

以直流电作电源的焊接过程如图4-23所示,电弧截面呈锥形,上部是阴极区,可达2 400 ℃;下部是阳极区,可达2 600 ℃;中间部分是弧区,其中心温度可达6 000 ℃。由于高温作用将导致金属氧化,因而在焊条上包有药皮,以减轻对被焊金属的氧化。

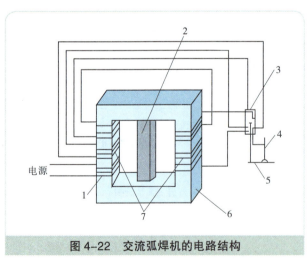

图4-22 交流弧焊机的电路结构

1—初级线圈;2—可动铁芯;3—次级线板;4—焊条;
5—焊件;6—固定铁芯;7—次级线圈

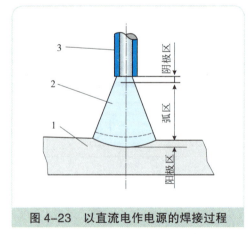

图4-23 以直流电作电源的焊接过程

1—焊件;2—电弧;3—焊条

2. 手工电弧焊的焊接材料

焊条是手工电弧焊的主要材料,它由焊芯和药皮组成。

1)焊芯

焊芯的作用是传导电流，产生电弧，并为焊缝填充金属。常用的焊芯材料为碳素结构钢、合金结构钢和不锈钢等。

2)药皮

药皮由各种矿石粉、铁合金、有机物（如木粉、淀粉、纤维等）和化工产品（如钛白粉、碳酸钾、水玻璃等）组成。其主要作用是利用药皮产生的气体和熔渣隔离空气，以防止熔化金属腐蚀；通过熔渣与熔化金属的冶金反应，除去氧、氢、硫、磷等有害杂质，添加有益的合金元素，保证电弧稳定，减少飞溅。

根据药皮熔化后的性能不同，焊条可分为酸性焊条和碱性焊条。酸性焊条药皮的主要成分是二氧化硅、二氧化钛和三氧化二铁等酸性氧化物。这类焊条电弧稳定，可用于直流、交流电弧焊。碱性焊条药皮的主要成分是萤石和碳酸盐。此类焊条焊接强度高，可用于高强度低合金钢和特种性能合金钢的焊接，但对水、锈等产生的气孔反应敏感，多采用直流焊接。

3. 手工电弧焊的操作工艺

1)引弧

通常采用擦弧法和碰弧法引弧。

（1）擦弧法引弧。手持焊钳，将焊条在焊缝处轻划，引燃电弧，即刻使焊条末端与焊接表面的距离保持在 3～4 mm 之间，以便维持电弧稳定燃烧。

（2）碰弧法引弧。用焊条末端轻轻碰击焊件表面，引着电弧。此法操作较简单。

2)运条

随着焊条不断燃烧和焊缝的形成，焊条应在三个方向上做相应移动。

（1）焊条被电弧熔化变短，焊条必须随时向下移动，以保证焊条末端与焊接坡口处距离不变。当焊接距离变大，电弧变长，此时电弧燃烧不稳定，形成断弧。另外会使焊缝质量变差，表面呈鱼鳞形状不均匀；焊缝熔深较浅，焊接强度差；周围空气易侵入熔池，造成熔化金属飞溅和氧化。

（2）当电弧引燃后，迅速将焊条沿着焊缝方向前移。移动速度应根据电流大小、焊条直径和工件厚度及材料装配要求等情况确定。移动过快会造成熔池熔深太浅，焊接强度低；移动过慢会造成工件温度高、变形大或薄板料烧穿。

（3）为保证形成一定宽度的焊缝，焊条必须做横向摆动。常用的几种横向摆动方法有直线往复运条、锯齿形运条、月牙形运条、三角形运条和斜环形运条等。具体焊接过程中应根据焊缝坡口的大小和焊缝的焊接位置选择不同的横向运条方法。

3）焊缝收尾

恰当的焊缝收尾将会提高熔合质量和机械强度。收尾的方法有如下两种：

（1）划圈收尾法。如图4-24（a）所示，收尾时，焊条在收尾处做圆弧运条，等弧坑填满时拉断电弧。此法多适用于厚板焊接。

（2）后移收尾法。如图4-24（b）所示，收尾时，焊条改变角度，并慢慢向后拉，弧坑填满后拉断电弧。

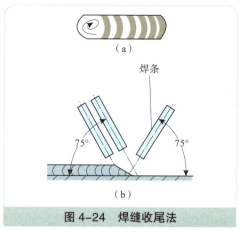

图4-24　焊缝收尾法

（a）划圈收尾法；（b）后移收尾法

4）焊缝连接

当后焊焊缝起点与先焊焊缝终点相接时，一般在弧坑稍前未焊处引弧，电弧比正常焊接弧稍长，然后将电弧移到原弧坑处，填满弧坑后立即沿着焊缝进行正常焊接。

4. 手工电弧焊的焊接方法举例

1）焊缝在焊件中的位置

（1）按焊缝在焊件中的位置不同，可分为对接焊缝、角焊缝和塞焊缝，如图4-25所示。焊接接头可分为对接接头、搭接接头、角接接头、T形接头、套管接头、卷边接头等，如图4-26所示。

图4-25　按焊缝位置分类

1—角焊缝；2—塞焊缝；3—对接焊缝

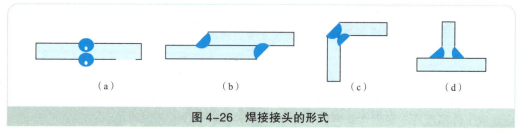

图4-26　焊接接头的形式

（a）对接接头；（b）搭接接头；（c）角接接头；（d）T形接头

（2）对于厚度较大的板料焊接，焊接前应在接缝处打坡口，以增加焊缝深度，提高焊接刚度。坡口形式可分为 I 形（不开坡口）、V 形、U 形等几种，如图 4-27 所示。

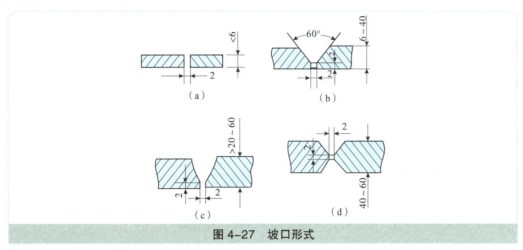

图 4-27　坡口形式

（a）不开坡口；（b）V 形坡口；（c）单 U 形坡口；（d）双 U 形坡口

2）各种位置的焊缝焊接

金属构件的焊缝在空间所处的位置各不相同，如图 4-28 所示，常见的有平焊缝、立焊缝、横焊缝和仰焊缝等。

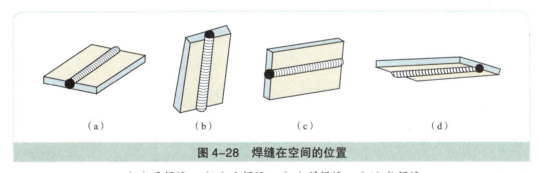

图 4-28　焊缝在空间的位置

（a）平焊缝；（b）立焊缝；（c）横焊缝；（d）仰焊缝

对于不同位置的焊缝应采取不同的焊接方法。

（1）平焊。焊缝处在水平位置时进行的焊接。平焊时熔滴由于自重滴落在焊缝中，操作较简单，可选用直径较大的焊条和较大的焊接电流。

（2）立焊。焊缝处在垂直于水平面位置上的焊接。焊接时熔滴沿焊缝下淌，因而采用小直径焊条和小电流，采用短弧法焊接，且在操作过程中由下往上焊，焊条角度应向下倾斜至 60°～80°。

（3）横焊。工件在竖直面上而焊缝水平放置的焊接。熔化金属流向缝隙下侧的材料，造成下边材料焊接边缘熔化过度。所以在焊接时除采用小电流短弧焊外，焊条与工件表面应成 70°～80°，并在焊条末端将熔化金属向上带，然后迅速回落。如果 V 形坡口间隙过大，可采用两道焊法，先在下坡口上堆焊一道，然后补完全部焊缝，如图4-29所示。

（4）仰焊。焊缝位于工件下方，需仰视焊接。仰焊最难操作。焊滴易下坠滴落，焊缝不易焊透，一般采用尽可能短的电弧，电流应比立焊时稍大些，以增加电弧的吹力，有利于熔滴过渡。

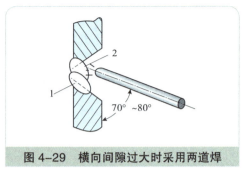

图4-29　横向间隙过大时采用两道焊

1—第一道焊缝；2—第 m 道焊缝

5. 手工电弧焊焊接缺陷分析

按手工电弧焊焊接缺陷在焊缝中的位置，可将焊接缺陷分为内部缺陷和外部缺陷。其中，外部缺陷主要包括焊缝尺寸不符合要求、咬边、焊瘤、凹坑、塌陷及未焊满、表面气孔、裂纹和烧穿等，内部缺陷则主要包括未焊透、未融合、内部气孔、裂纹、夹渣等。

1）焊缝尺寸不符合要求

焊缝成形后高低不平、宽窄不一和焊坡粗劣等均不符合要求。手工电弧焊的焊缝尺寸不合要求时，不仅影响焊缝的美观程度，更重要的是往往影响焊接金属与母材的结合强度，并在焊接部位形成内应力而影响焊件的品质和安全性能。

造成焊缝形状及尺寸不合要求的主要原因是坡口角度不当或装配间隙不均匀、焊接电流调整不当（过大或过小）、焊接参数选择不当等。

2）咬边

由于焊接参数或操作方法不当，使母材沿焊缝部位一边或两边产生沟槽或凹陷称为咬边，如图4-30所示。

咬边不仅影响焊缝的美观，减小母材金属的有效截面，降低焊缝的结合强度，而且在咬边处引起应力集中，承载后有可能在咬边处产生裂纹。

避免咬边缺陷的主要措施是焊接电流不宜过大、电弧焊不要拉得过长、焊条的角度及运动方向应控制得当。

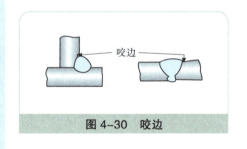

图4-30　咬边

3）未焊透

焊接后，接头根部有未完全熔透的现象称为未焊透，如图4-31所示。未焊透常出现在单面焊的根部或双面焊的中部。此焊接缺陷不仅降低焊缝的机械性能，而且容易在未焊透的缺口及末端处引起应力集中。对于比较重要的焊缝，如果经检查有未焊透缺陷应铲除重焊。

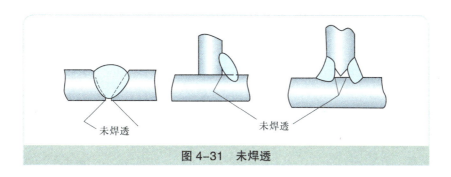

图 4-31 未焊透

造成未焊透的原因主要有焊件接口不清洁、坡口处理不当（如坡口角度过小、接口不整齐、间隙太小或钝边过厚）、焊条运动速度过快、焊条角度不当或发生电弧偏吹、焊件散热过快、氧化物和熔渣等阻碍金属间的熔合等。

4）未熔合

焊缝与母材或焊缝与焊缝之间未完全熔化，使结合的部分形成假焊，称为未熔合，如图 4-32 所示。

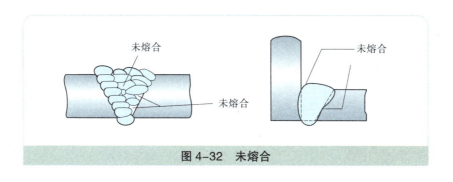

图 4-32 未熔合

未熔合所造成的危害与未焊透基本相同。造成未熔合的主要原因是焊接能量太低、焊接电流过小、电弧发生偏吹、坡口有油污、焊层之间清渣不彻底使焊层夹渣过多。

焊接时应注意观察焊缝的熔化情况，适当加大电流和使用大号焊条，焊接速度不宜过快，这样便能够有效地避免未熔合缺陷的产生。

5）烧穿

焊接使熔化金属自坡口背面流出，形成穿孔缺陷称为烧穿，如图 4-33 所示。烧穿在手工电弧焊，尤其是焊接薄钢板中最容易发生。

烧穿是一种绝不允许的焊接缺陷，它使焊件完全丧失机械强度。造成焊接烧穿的主要原因是接头处间隙过大或钝边太薄、焊接电流过大或焊条型号选择不当、焊接速度过慢或对薄板进行焊接时有停顿现象等。

为了防止烧穿现象的发生，焊前应正确设计焊接坡口尺寸和角度，并且钝边预留的宽度不宜过小，以免钝边金属过热先熔化。如果是单面焊或焊接薄板时，可在背面加垫铜板散热，也可在施焊过程中适当加大焊剂量等方法。

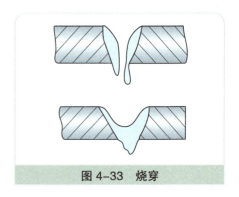

图 4-33　烧穿

6）凹坑、塌陷及未焊满

凹坑是指焊接后在焊缝正面或背面形成焊缝表面比原金属表面凹进的现象，如图 4-34 所示。塌陷是指单面熔化焊时，因焊接工艺不当造成焊缝金属过量透过，形成如图 4-35 所示的正面下凹、背面凸起的现象。由于焊缝处的金属填充量不足，在焊缝表面形成连续或断续沟槽的现象称为未焊满。

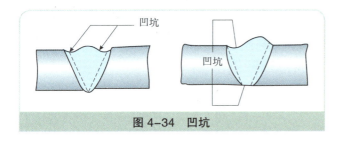

图 4-34　凹坑

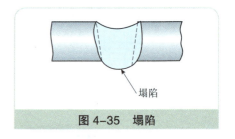

图 4-35　塌陷

上述三种缺陷削减了焊缝的有效截面积，容易造成焊缝的应力集中并使其机械强度下降。

7）焊瘤

焊瘤是指焊接过程中熔化的金属流淌到焊缝金属之外，在未熔化的母材上形成如图 4-36 所示的金属瘤。

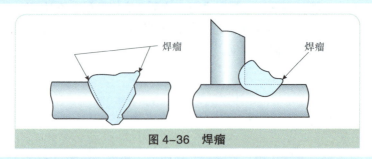

图 4-36　焊瘤

焊瘤不仅影响焊缝美观，更主要的是焊瘤的出现往往还伴随未焊透现象。因此，凡是出现焊瘤的焊缝均容易引起应力集中。

造成焊瘤的主要原因是焊缝预留间隙过大、焊条位置和运动方式不当。

8）夹渣

焊后在焊缝残留一定数量的熔渣称为夹渣，如图 4-37 所示。焊缝夹渣与夹杂物有所不同。夹杂物是焊接时由冶金反应生成，夹杂物尺寸很小并且呈分散状态分布于焊缝各处。气焊夹渣可在金相试磨片上直接观察到，用射线方式探伤也可检测出来。

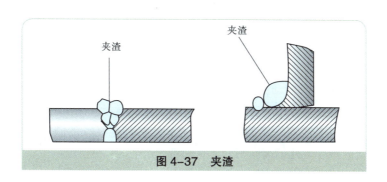

图 4-37　夹渣

（1）产生焊缝夹渣的主要原因有：
①坡口边缘有油污，焊层和焊道间的熔渣未清除干净。
②焊条直径过粗而且焊接电流调节过小，使熔池金属和熔渣加热不足，造成熔池金属流动性差，使熔渣不易浮出。
③金属冷却速度过快，使熔渣尚未浮出焊缝就已凝固；焊条药皮成块脱落而未熔化；以及焊条偏心和电弧无吹力等。
（2）避免焊接产生夹渣的主要措施包括：
①选用合适的焊接工艺参数。
②焊前清理坡口并彻底清除焊条表面的油污和水分。
③焊接时尽量将电流调得大一些；为避免熔化金属冷却过快，可把电弧缩短并适当增加电弧停留时间。
④焊接时注意随时调整焊条倾角和运动方式，并注意横向摆动幅度不宜过大。
⑤确保整个焊接过程中始终保持熔池有清晰的轮廓，这样熔渣就可以比较容易地浮上焊缝金属表面。

9）气孔

焊接过程中熔池中的气泡在凝固前未能及时逸出，残留于焊缝中而形成空穴，称为气孔。气孔可分为密集型气孔、长条形气孔和针状气孔。产生气孔的气体主要有氢气、一氧化碳和氮气。

焊接时形成气孔的主要原因是焊缝接口不清洁或焊条受潮，使焊接时熔池周围气体中生成不良气体，通过溶解和化学反应进入熔池。在正常情况下，这些气体在熔池结晶时，将以气泡的形式向外逸出。然而，如果气体在熔池凝固之前来不及逸出，气泡就会残留在焊缝中形成气孔。

防止造成气孔的有效措施有：

①正确选用符合质量要求的焊条，如果焊条药皮受潮、变质、脱落以及焊芯生锈都会造成焊缝有气孔。焊条烘干对抑制焊缝气孔十分有效，一般酸性焊条抗气孔性好，但要求酸性焊条的含水量不得大于4%，低氢型碱性焊条的含水量不大于10%。

②彻底清除坡口两侧20～30 mm内的油污和其他污物；对于较大的工件，焊前应采取预热措施，这样可以减慢熔池的冷却速度，从而给气体以充分由熔池中逸出的时间。

③在焊接工艺方面，手工电弧焊的电流不宜调得过大，否则会使焊条发红造成药皮提前分解，失去对焊缝的保护作用。焊接速度也不宜过快，碱性焊条采用短弧焊接以防止有害气体的侵入。当发现焊条有偏心时，要及时转动或倾斜焊条。焊接速度不要过快，焊接过程中不要断弧，保证引弧处、接头处、收弧处的焊接质量。露天焊接时，应尽量避开风雨天气。

④焊接极性对产生气孔也有一定的影响，直流反接时产生气孔的倾向小，直流正接时产生气孔的倾向大；交流时产生气孔的倾向则介于这两者之间。

10）裂纹

根据焊缝裂纹形成的温度可分为热裂纹和冷裂纹，根据裂纹所处的位置又可分为焊缝金属中的裂纹和热影响区中的裂纹。

（1）热裂纹。在焊接过程中，焊缝和热影响区金属冷却到凝固相线附近的高温区产生的焊接裂纹。

热裂纹的显著特征是断口呈蓝黑色，即金属因过热被高温氧化后形成的颜色，有些场合的热裂纹里有流入熔渣的迹象。

为防止焊缝产生热裂纹，应选择合适规格和型号的优质电焊条；对于较大的焊接件，因为焊接时产生的变形小，所以更会增大焊接应力，促使热裂纹的生成，故焊接时应选择合适的焊接工艺参数，必要时还应采取预热和缓冷措施；收弧时，焊接电流应逐渐变小，待焊接熔池的体积减小到很小时再切断焊接电流；适当调整焊缝金属的合金成分，如焊接铬镍不锈钢时，应适当提高焊缝金属的含铬量。在焊缝金属中加入可使晶粒细化的元素，如钼、钒、钛、铌、锗、铝等，同样有利于消除集中分布的液体薄膜，可以有效地防止热裂纹的产生。

（2）冷裂纹。焊后冷却到一定温度后产生裂纹的现象称为冷裂纹。

冷裂纹产生的原因主要有钢材的淬火倾向、残余应力、氢的含量等，其中氢的含量是形成冷裂纹的重要原因。

避免产生冷裂纹的主要措施为焊前预热和焊后缓冷。这样不仅能改善焊缝的组织，降低热影响区的硬度和脆性，还有利于加速焊缝中氢的向外扩散，同时也起到了降低焊接应力的作用。除此之外，选择合适的焊接速度也是防止产生冷裂纹的关键因素。焊接速度过快容易使焊缝形成淬火组织；焊接速度过慢，则会使热影响区的范围变宽，也会导致焊缝产生冷裂纹。

四、电阻点焊

电阻点焊是通过低压电流流过夹紧在一起的两块金属产生电阻热,局部熔化并施加压力使之焊接在一起的焊接方法。电阻点焊具有许多优点,主要是:

(1)焊接成本低,不消耗焊丝、焊条或气体。

(2)清洁,焊接时不产生烟或蒸气。

(3)焊接部位灵活,且对镀锌板的焊接有效。

(4)焊接质量高,速度快。在 1 s 内便可焊接高强度钢、高强度低合金钢或低碳钢工件,焊接强度高,受热范围小,工件不易变形。

汽车车身构件的尺寸往往较小且形状复杂,加之电阻点焊具有上述优点,故电阻点焊在整体式车身制造和修理时是最常用的焊接方法。

1. 电阻点焊的焊接原理

电阻点焊是利用电流通过接触点加热,并在外加压力作用下使接触点附近的金属熔化,经冷凝后形成焊点的一种焊接方法。电阻点焊机如图 4-38 所示,图中右端有两个电极,通过上面的加压手柄即可获得所需的压力。将两块金属板夹持在电极之间,通电并加压一段时间,即可形成电阻焊点。

图 4-38 电阻点焊机

1)电阻点焊机的组成

挤压式点焊机是车身维修中理想的设备之一,它使焊点具有良好的接触强度而不会引起构件变形。电阻点焊机的工作原理如图 4-39 所示。两电极将焊件板夹紧,以保证大电流集中通过板上被压紧的这一点;夹紧并通电后,电流经电极并流过板件接合处,因接点处的电阻比电极大得多而迅速升温;继续加热,焊件的金属被熔化,其中焊件表面上的热量很容易被铜电极带走,显然加热最强的地方不在电极与焊件之间,而是在两个焊件相接触的部位;断电后冷却,熔合处便形成固化的圆点即焊接点。

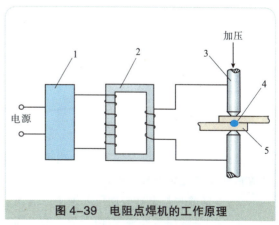

图 4-39 电阻点焊机的工作原理

1—通电时间调控器;2—变压器;3—电极(铜合金);4—点焊熔核;5—焊件

2)电阻点焊三要素

电阻点焊的三要素是压力、电流和加压时间。

(1)压力。电阻点焊的焊接强度与电极施加在金属件上的压力有直接的关系。压力太大,会使焊点过小,降低了焊接强度,如图4-40(a)所示;压力太小,会产生焊接溅出物,如图4-40(b)所示。具体操作时应使施加的压力在设备使用规程规定的压力范围之内。

(2)电流。给金属件加压后通电,一股很强的电流流经两金属接触区,利用电阻作用发热,使金属温度上升,继而熔化并且熔合在一起,如图4-41所示。如果电流强度太大或压力太小,将会产生内部溅出物;减小电流强度或增加压力,可以使焊接溅出物降低到最低程度,形成良好的焊点。电阻点焊时电流与压力之间是相互关联的,只有注意同时调节,才能保证焊接质量。

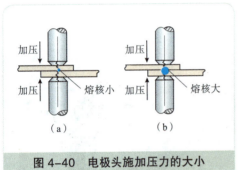

图4-40 电极头施加压力的大小
(a)施加的压力大;(b)施加的压力小

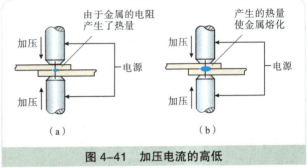

图4-41 加压电流的高低
(a)加压电流低;(b)加压电流高

(3)加压时间。加压时间是电阻点焊极为重要的因素。如果停止加电使熔化的金属冷却,就会在焊点位置形成一个圆形、呈扁平状的熔核。可见,在焊点处的金属冷却过程中,即焊核形成之前,保持焊点压力并使之维持一定时间是十分必要的。加压时间不可少于用户使用说明书上的规定值。

2. 电阻点焊的操作技术

1)焊前准备

点焊机完成一个焊点仅需1s,由于整个过程进行得很快,稍不留意,就可能造成不良后果,故在施焊前应做好充分的准备。

(1)清除焊接金属表面层的油漆、油污、锈斑、灰尘等杂物,保持良好的导电性能。

(2)对需要防锈处理的部位,在焊接之前要涂上一层导电系数较高的防锈剂,方可进行焊接,如图4-42所示;整平被焊接的金属表面,并用夹紧装置夹紧,消除表面间的间隙,否则,点焊质量会明显下降。

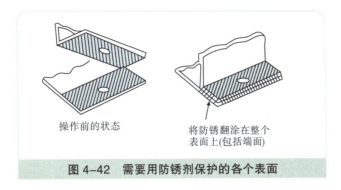

图 4-42　需要用防锈剂保护的各个表面

2）焊接规范

影响点焊质量的因素有电极压力、焊接电流、通电时间和焊点布置。

（1）电极压力。焊点强度与电极压紧力密切相关。压力过小会在接触点处造成焊接飞溅；压力过大虽然通过的电流也大，但是由于热量的分布区域增大，使焊点直径和熔深反而变小。

（2）焊接电流。焊点的直径和焊接强度都随焊接电流的增加而增大。但电流过大且压力较小时，会造成板间的飞溅。

（3）通电时间。通电时间长，热量生成就多，焊点直径就大，熔深也深。但通电时间过长也未必有利，如果电流一定，则通电时间过于延长也不会使焊点增大，反而还会出现电极压痕和热变形现象。

（4）焊点布置。焊点的间距（焊点之间的距离）对焊接强度也有决定性作用。缩小焊点间距虽然可以提高焊件的连接强度，但实际上也是有限度的。因为间距小于一定的限度，焊接电流会经由上一个焊点导走、泄漏。这时所增加的焊点不再具有增强焊件连接强度的作用，而且还会适得其反。因此，焊点的间距一定要跨出电流的泄漏区。

表 4-8 给出了不同规格厚度的低碳钢板施加点焊技术的规范。

表 4-8　不同规格厚度的低碳钢板施加点焊技术的规范

板厚 /mm	最佳条件			电极直径 /mm		焊点布置 /mm		结果
	通电时间 /s	电极压力 /N	电流 /A	端部	杆部	间距	边距	抗剪力 /N
0.6	0.11	1 471	6 600	4.0	10	11	5	2 942
0.8	0.14	1 863	7 800	4.5	10	14	5	4 315
1.0	0.17	2 206	8 800	5.0	13	18	6	5 982
1.2	0.20	2 648	9 800	5.5	13	22	7	7 649
1.6	0.27	3 530	11 500	6.3	13	29	8	10 395

3）焊接操作要领

（1）尽量采用双面点焊法施焊。对无法实施双面点焊的部位，可采用气体保护焊的塞焊法，以保证良好的焊接强度。

课题四　钣金基本工艺

（2）保持电极与金属板之间的夹角为90°，如图4-43（a）所示，否则，电流强度会减小，直接影响焊接质量。

（3）当三层或多层金属重叠在一起，如图4-43（b）所示时，应进行两次点焊。

（4）考虑到修理厂的点焊机功率一般都小于制造厂的点焊机功率，因此在修理时，点焊的焊点数目应多于原来的焊点数目，通常以增加30%为宜，如图4-44所示。

（5）点焊顺序如图4-45所示。当电极头发热并改变颜色时，应停止焊接，待冷却后重新施焊。

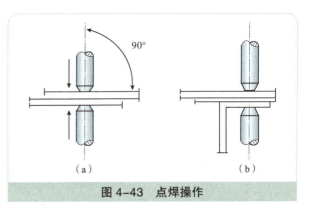

图4-43　点焊操作

（a）保持电极与金属板之间的夹角为90°；
（b）多层金属重叠在一起

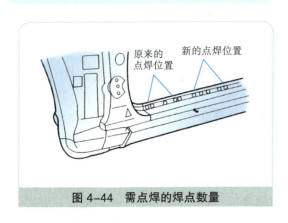

图4-44　需点焊的焊点数量

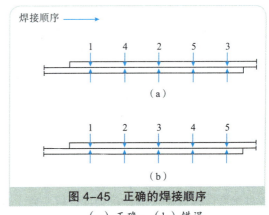

图4-45　正确的焊接顺序

（a）正确；（b）错误

（6）对于有过渡圆角的板件，一般不应在圆弧过渡区施焊，否则将导致开裂等缺陷。只有采取了专门措施，才允许对圆角过渡区施焊。

五、钎焊

气焊和电焊都是要将焊件材料加热到熔化状态，然后将焊丝（条）熔化滴入熔池，待冷却后形成焊缝，将被焊接件焊牢。钎焊则不同，只将焊件材料（母材）加热而不熔化，利用低熔点的钎料填充在焊件衔接处，使被焊材料焊接在一起。用熔点低于427℃的有色金属合金为钎料的焊接称为软钎焊。软钎料熔化流进两个连接面之间的空隙，黏附这两个表面并凝固在一起，如锡焊。用熔点高于427℃的金属钎料进行钎焊称为硬钎焊，如铜焊。汽车钣金修理中如散热器、汽油箱、装饰钣金、车身缺陷等修理都离不开钎焊。钎焊必须借助于焊剂，否则无法焊接成功。

1. 钎焊的原理和特点

钎焊是指利用一种比母材熔点低的材料作填料，熔化后靠其流动性好和毛细作用渗入母材，使零件连接在一起的方法，如图4-46所示。

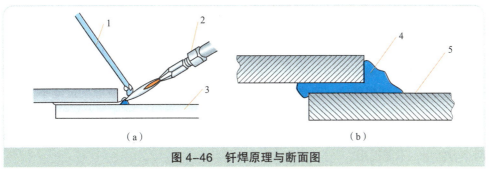

图 4-46 钎焊原理与断面图

（a）钎焊原理；（b）断面图

1—钎焊条；2—加热装置；3,5—焊件；4—焊料

钎焊的主要特点是：焊接温度低、母材变形小；可以将本不相熔的材料焊接在一起；焊料的流动性好，很适合于车身表面溜缝和填补，如图 4-47（a）所示；无熔深，故连接强度较差，对接头形式有着不同于其他焊接方法的特殊要求，如图 4-47（b）、（c）所示。

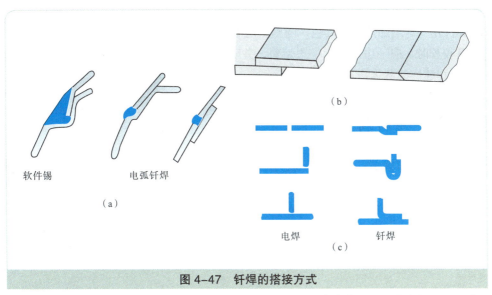

图 4-47 钎焊的搭接方式

（a）钎焊在车身的应用实例；（b）钎焊接头的基本形式；（c）钎焊接头与电焊接头的对比

2．锡钎焊

锡钎焊是利用热烙铁接触加热焊件表面，同时熔化的焊锡流向被焊接的缝隙中，达到焊接的目的。为得到良好的效果，锡钎焊操作必须注意以下几点：

（1）彻底清除工件焊接部位的油污和氧化物。汽车钣金件多为低碳钢板或铜合金，对其实行钎焊之前，首先要对被焊部分用刮刀、锉刀、砂布打磨，并用盐酸除锈，直到呈现光亮，涂上氯化锌溶液，才能施焊（镀锌薄板可用盐酸作焊剂）。

（2）选取适当的烙铁，修整其工作表面后放入加热炉加热。加热时宜将烙铁的大头加热以免烧毁烙铁工作面。加热温度不要高于 600 ℃。

（3）取出已加热的烙铁，用锉刀把烙铁工作端锉干净，放在氯化锌溶液中浸一下以清除氧化物，再与焊锡反复摩擦，使工作端两面均匀镀上一层焊锡。施焊时，烙铁在工件上拉动，焊锡靠近烙铁工作部分不断熔化流进待焊部位。若烙铁上的焊锡不能很快熔化，说明温度过低不宜施焊，应更换烙铁或重新加热。施焊时如发现锡珠离开焊缝或出现夹渣，表明焊接处还有污物或需再涂焊剂。

（4）锡钎焊使用的焊剂氯化锌有用于清除烙铁工作面氧化物的，有用于涂抹焊接部位的，应分别盛在两个容器里，不能混用。

3. 铜钎焊

铜钎焊属于硬钎焊，通常用氧乙炔焊炬加热母材，以黄铜焊条作为钎料，以钢焊粉或硼砂、硼酸、硅酸作焊药进行焊接。铜钎焊操作注意事项如下：

（1）施焊前将焊件清理干净，如除锈。

（2）用气焊火焰加热铜钎条，蘸上硼砂。

（3）将焊件用气焊焰加热至樱红色，随即将蘸有焊药的铜条烧熔滴入焊件。

（4）焊缝较长时，应一边加热，一边熔料，并随时蘸取焊药；必要时把焊药撒在焊接处，以消除焊接过程中焊缝内的氧化物。

六、等离子弧切割

等离子弧切割正在取代氧乙炔切割，成为当今汽车行业金属切割最先进的方法。它能够迅速有效地切割受损坏的金属而不改变母材的性能。这一特点对于汽车行业有重要的意义，因为现在很多整体式车身的轿车上都装有高强度钢或高强度合金钢零部件，而原有的火焰切割法恰好又不适用于这两种钢材。等离子弧切割具有产生的热量多、运行速度快和输入的热量少等特点，再加上它可以轻易地切割生锈的、带有油漆或覆盖层的金属，因此，它在汽车车身修理领域是一种理想的切割方法。

1. 等离子弧切割的工作原理

等离子弧切割（即等离子空气切割）的实质是在极小的范围内产生一股很强的热气流，这股热气流熔化并带走金属。采用这种方法可以很整齐地切割金属。此外，由于热量非常集中，即使在切割薄金属板时，也不会使金属板弯曲。

从图 4-48（a）可以看出，两处有气体流过。进行等离子弧切割时，用压缩空气来进行屏蔽。空气作为屏蔽气体，将割炬喷嘴的外部屏蔽起来，并对该区域进行冷却，使割炬不会过热。空气在流向喷嘴口的过程中，围绕着钨极（或电极）产生涡流。当设备接通时，在喷嘴和内部钨极（或电极）之间形成一个电弧，如图 4-48（b）所示。切割气体到达这里以后，达到过热状态。这时，气体的温度很高，产生电离，所以能够传递电流（被电离的气体就是等离子体）。狭小的喷嘴口使膨胀的等离子体加速流向工件。当等离子体离工件足够近时，电弧穿过这一间隙，同时等离子体将电流传递到这里，［见图 4-48（c）］，这就是切割电弧。

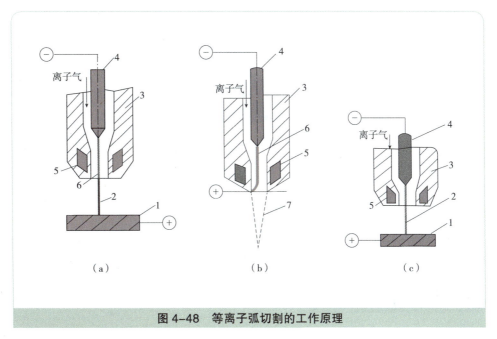

图 4-48 等离子弧切割的工作原理

（a）联合型；（b）非转移型；（c）转移型

1—工件；2—转移弧；3—喷嘴；4—钨极；5—冷却水；6—非转移弧；7—弧焰

实际上，普通的空气不导电。但当电压很高时，气体分子电离后成为导电体。这时的空气达到过热状态并形成一条通道，使电流能够通过极高的温度和切割电弧的共同作用，在金属上熔化出一条狭窄的通道，使金属扩散到空气中并形成微粒。等离子体的作用是力将所有金属微粒吹走，形成一条整齐的切口。

2. 等离子弧切割机的操作方法

等离子弧切割机的操作方法如下：

（1）将切割机连接到一个清洁的、干燥的压缩空气源上。

（2）将割炬和夹紧装置的电线连接到切割机上。将切割机电源插头插到符合要求的电源上，然后将地线夹连接到工件的一个清洁表面上，连接处应尽量靠近切割部位。

（3）在等离子弧被触发以前，应先将切割喷嘴与工件上的一个导电部分相接触。一旦离子弧被触发以后，即使涂有油漆的表面切割机也很容易切入。

（4）拿起等离子割炬，使切割喷嘴与工件表面垂直，向下推动等离子割炬，使切割喷嘴向下移动，直到与电极相接触。这时，等离子弧被触发。然后，立刻停止推动等离子割炬，让切割喷嘴返回到原来的位置。当等离子弧被触发后，切割喷嘴与工件可以不保持接触，不过，两者保持接触会使切割更容易进行。当切割喷嘴与工件保持接触时，施加在等离子割炬上的向下的力（如果有的话）非常小，只需要将它轻轻地拉到工件的表面上。

（5）在金属需要切割的部位上移动等离子割炬，切割的速度由金属的厚度决定。如果割炬移动得太快，它将不切割工件；如果割炬移动得太慢，将会有太多的热量传入工件，而且可能熄灭离子弧。

课题四 钣金基本工艺

任务二　车身变形的测量和矫正

一、车身变形的测量

对于局部变形或损伤可以比较直观地做出判断，而对于车身的整体变形，则必须进行正确的测量。

1. 车身变形测量的意义

车身整体定位参数如果发生变化，对汽车使用性能有至关重要的影响。所谓整体定位参数，是指那些对汽车发动机、底盘和车身主要构件的装配位置有着直接影响的基础数据，如汽车的前轮定位、轴距误差和各总成的装配位置精度等。而这些参数值，是原厂技术文件中做了规定的重要技术数据。车身维修时对这些参数进行测量，一方面用于对车身技术状况进行诊断，另一方面用于指导车身维修。因此，车身变形的测量在车身维修中非常重要。

车身变形的测量，一般分为作业前、作业中和竣工后三个步骤。作业前的检测，目的是确认车身损伤状态和把握变形程度的大小；维修作业过程中的检测，有助于对修复过程的质量进行有效的控制；竣工后的检测，为验收和质量评估提供可靠的数据。

2. 车身变形测量的基准

车身维修中对变形的测量，实际上就是对车身及其构件的形状与位置误差的检测，而选择测量基准又是形状与位置误差检测中十分重要的内容。

1）车身测量的基本原则

控制点、基准面和中心线及中心面是车身测量的基本原则。

（1）控制点原则。车身测量的控制点用于检测车身损伤与变形的程度。车身设计与制造中设有多个控制点，检测时可以按技术要求测量车身上各个控制点之间的尺寸，如果误差超过规定的极限尺寸时，应设法修复使之达到技术标准规定范围。

承载式车身的控制点如图4-49所示，第一个控制点通常在前保险杠或前车身水箱的支撑部位1；第二个控制点在发动机室的中部，相当于前横梁或前悬架支撑点2；第三个控制点为中间车身相当于后门框部位3；第4个控制点在后车身的后横梁或后悬架支撑点4。

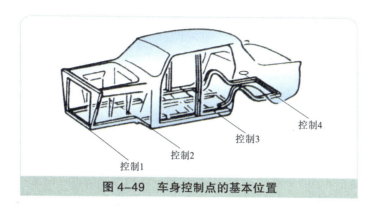

图 4-49 车身控制点的基本位置

（2）基准面原则。车身测量和维修时选择与车身设计相同的基准面来控制其误差的大小。在实际测量中，应根据上述基准面调整车身沿水平方向的高度，由此确定车身高度测量基准。如果遇到实际测量部位不便于直接使用量具时，可以根据数据传递方法将基准面上移或下移来获得测量结果。

（3）中心线及中心面原则。中心线及其沿垂直方向平移获得的中心面，实际上是一个假想的具有空间概念的直线和平面，该平面将车身沿长度方向截为对称的两半。车身的各个点通常是沿这一平面对称分布的，因此所有宽度方向的尺寸参数的测量，都是以该中心线或中心面为基准的。

2）对比法测量

对比法测量是以相同汽车车身的位置参数作为基准目标来进行测量的。当然，所选择的车身应完全符合技术文件规定要求的状况。运用对比法确定测量基准时，应注意以下两个问题。

（1）数据选取应遵循的原则有：
①利用车身壳体或车架上已有的基准孔，找出所需的定位参数值。
②以基础零件和主要总成在车身上的正确装配位置为依据。
③比照其他同类型车身图中的标示方法，来确定基准参数的量取方案。

（2）误差的控制措施有：
①选择便于使用的测量器具（如测距尺）。
②不能以损伤的基准孔作为测量依据。
③同一参数值应尽量一次性量得。

3. 车身测量方法的应用

对车身整体变形的测量，是依赖计量器具采集相关的技术数据，用以判定车身构件及其与基准之间的相对位置。

1）测距法

测距法可以直接获得定向位置点与点的距离，是最简单、实用的一种测量方法，它主要通过测距来体现车身构件之间的位置状态。

测距法所使用的量具是钢卷尺、专用测距尺等。钢卷尺的使用方法简便、易行，但测量精度低、误差大，仅适用于那些精度要求不高的场合。尤其是当测量点之间不在同一平面或其间有障碍时，就很难用钢卷尺测量两点间的直线距离。使用专用测距尺，可以根据不同位置将端头探入测量点，应用起来显得十分灵活、方便。

对于图4-50（a）所示的车架，发生变形时也可以运用测距法进行测量。将车架置于平台上并按一定的高度支稳，用高度尺逐一测量各基准点与平台的垂直距离，就可以分别得出车架垂直方向上的相关参数。

有些图纸或技术文件，则是按图4-50（b）所示的方法标定参数。在没有专用测量架的条件下，也可使用测距法来测量，但要先利用三角函数法或勾股定理进行相应的计算。

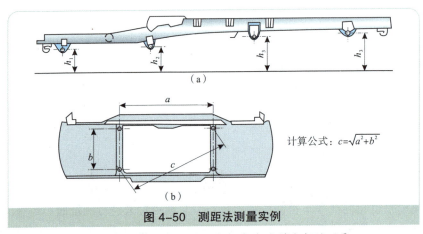

图4-50 测距法测量实例

（a）车架垂直方向上的测量；（b）水箱支架的测量

计算公式：$c=\sqrt{a^2+b^2}$

2）定中规法

车身的许多变形，尤其是综合性变形，用测距法测量往往体现得不十分明显，所反映出的问题也不够直观。如果使用定中规法，就可以比较好地解决这类测量问题。但使用中应注意区别具体情况，有针对性地做好对称性调整。否则，也会影响测量的准确性。

使用定中规诊断车身变形时，若定中销发生左右方向的偏离时，可以判断为水平方向上的弯曲；若定中规的尺面出现不平行时，可以判断为扭曲变形；若尺面的高低位置发生错落时，则可以诊断为垂直方向上的弯曲。变形的评价方法如图4-51所示。

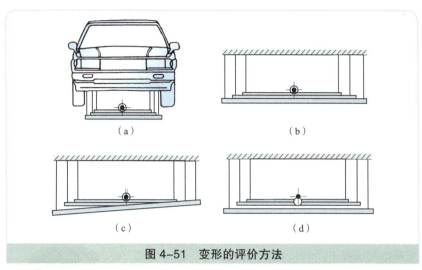

图 4-51 变形的评价方法

（a）正常；（b）水平方向上有弯曲；（c）扭曲；（d）垂直方向上有弯曲

3）坐标法

坐标法指利用桥式测量架进行测量的方法，适用于对车身壳体表面的测量。图 4-52 所示为桥式三坐标测量架。

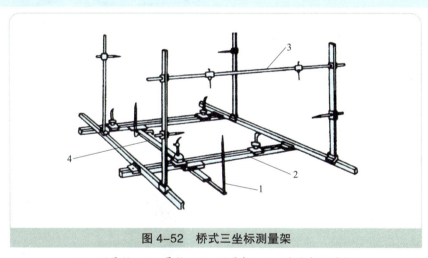

图 4-52 桥式三坐标测量架

1—测量针；2—导轨；3—测量杆；4—移动式测量柱

桥式三坐标测量架由导轨、移动式测量柱、测量杆和测量针等组成。测量过程中，可以根据需要调整其与车身的相对位置，使测量针接触到车身表面，同时，还能够直接从导轨、移动式测量柱、测量杆及测量针上读出所对应的测量值。

二、车身的固定

矫正将使车身构件承受很大的牵引力或压缩力，因此对车身可靠地进行固定就成了矫正变形的前提条件，否则就不可能使修理、矫正到位。

选择车身固定位置时，应在满足矫正力作用方向的前提下，选择车身上强度较高的封闭式或半封闭式构件作为优选固定点，如底板梁、车架、门槛、侧梁等。这样，不仅使固定有效、可靠，而且还能避免因矫正所引起的固定点构件的二次损伤。

1. 插桩方式的固定

插桩方式实际上也是由传统方法演变而来的。如图 4-53 所示，将牵引用拉链的一端通过夹具或其他连接装置与车身固定，另一端则与插入地面的插桩连接。为了便于调整拉链的松紧度，其间还装有紧链器。

插桩一方面用于固定车身，另一方面还要承担对变形构件的牵引。但无论是牵引还是对车身的固定，都需要视情况选择不同的位置和方向。为此，一般将插桩沿车身矫正场地的四周布置，以供不同方向固定车身或牵引变形时选择。当固定或牵引的水平高度需要调整时，则可通过上、下移动拉链的位置来实现。

这种固定车身的方式，只能解决整体水平移动问题，而且仅适合矫正车架以上部分水平方向上的变形，对于垂直方向或其他方向变形的矫正，就难以选择固定点并实现可靠的固定。

图 4-53　插桩方式

2. 地锚方式的固定

固定车身时总是要考虑选择最牢靠的构件，这是为防止因矫正而造成二次损伤。承载式车身的底板纵梁和非承载式车身的车架，是车身的重要基础构件，一般都符合固定的优选条件。采用如图 4-54 所示的地锚方式，就十分有利于在车身底部实施固定，而且对方向性的选择余地大，定位的可靠性也好。

地锚与地面的固定方式有两种：一种是与地面位置相对固定的埋入式地锚，另一种是能与地面位置相对移动的滑动式地锚。前者施工简便、易行，但灵活性较差；后者虽然施工复杂些，但车身固定点的可选范围较大，使用起来比较得心应手。

地锚拉链与车身的固定方法，同插桩方式相比更加灵活。其中，需要对车身进行水平方向的牵引时，仍可采用如前所示的几种牵引与连接方案。而对于垂直方向上的牵引与矫正，则可以借助液压千斤顶轻而易举地实现。

图 4-54　地锚方式

此外，以地锚方式固定车身，不仅可以满足水平方向上矫正的需要，对于垂直方向上的矫正也能实现可靠的固定，但要求车身摆放位置与地锚挂具的分布大致对应。尤其是埋入式地锚，由于挂环的位置不可调整，更需要预先计划好车身的摆放位置。

3. 台架方式的固定

以台架方式固定车身，是迄今为止最常见的方案。由于车身是通过夹紧支撑装置与台架呈多点刚性连接，故具有固定可靠、支撑稳定性好等优点。尤其是当对变形同时进行任意方向的矫正作业时，可以有效地使变形及其关联损伤一并得到矫正。

典型的台架连接方式及使用的工具架如图 4-55 所示。夹具的下部与台架横梁固定，上端则通过夹板、螺栓与车身门槛下边缘牢固地连接在一起。为了适应不同的车身宽度，一般固定架还可以沿车身的宽度方向水平滑动。如果车身的宽度与台架的差距较大，也可以借助贯通的中间轴和拉臂将车身固定在台架上。因此，这种台架方式固定的车身，为测量工作提供了很大的方便，还可以实现多方位的牵引与矫正。矫正与定位都是在同一台架上进行的，故操作过程中一般不会发生位移。作业前的检测、矫正过程中参数的校核、竣工验收的质量评价等测量工作，都可以在台架上依次完成。

(a) (b)

图 4-55 典型的台架连接方式及使用的工具架

(a) 台架的连接方式；(b) 使用的工具架

三、车身变形的矫正

对于现代汽车车身来说，要获得精确的整体定位参数和消除构件的内应力，手工操作或传统的作业方法很难保证矫正的精度和质量，所以主要采用机械设备来进行校正。

1. 车身变形的矫正原理

车身变形的矫正原理是：充分利用力的性质（合成、分解、可移性和平行四边形法则等），按与车身碰撞力大致相反的方向牵引或顶压变形部位，使受损伤的构件得以修复。

对局部损伤已经基本得到修复的构件，一般可以其轴线的延长线作为牵引的施力点一次完成矫正，如图 4-56 所示。

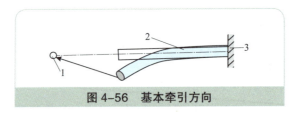

图 4-56　基本牵引方向

1—拉力参考点；2—拉伸中不断改变拉力的方向；3—固定点

可以对照图 4-57 所示的方法，对矫正力 C 的方向与大小作出更加直观的分析。当牵引力为 C 时，其垂直方向上的分力 A 和水平方向上的分力 B 大小相同，它们与牵引力 C 所形成的夹角也相等；当牵引的方向调整成 C'' 时，则垂直方向上的分力减小为 A'，水平方向上的分力仍为 B；当牵引的方向调整成 C' 时，则水平方向上的分力减小为 B'，而垂直方向上的分力仍为 A。对车身变形构件的矫正，就是以这种简单的平面力系分析为依据的。

事实上，由于车身构件多属于立体刚架式结构，这就决定了其碰撞时的受力状态多为空间力系，也就是说，作用在车身构件上的冲击力由于分解的结果，使力的作用线（即分力方向）不在同一平面内。

当然，许多变形都很难通过一次矫正来完成，而是需要不断修正力的大小和方向，有时甚至还要调整矫正力的作用点。例如：矫正如图 4-58 所示的严重弯折，由于受牵引条件的限制而不能按理想方向施加矫正力时，也可以将牵引力分解成两个或两个以上的分力，通过辅助牵引同时对弯曲进行矫正。在垂直和水平两个方向同时牵引纵梁，就比较容易使变形的纵梁恢复到正常的工作位置。

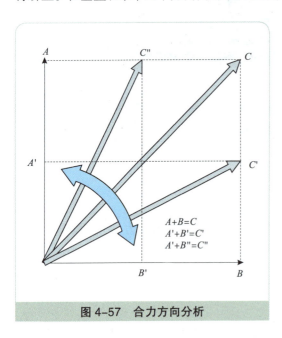

图 4-57　合力方向分析

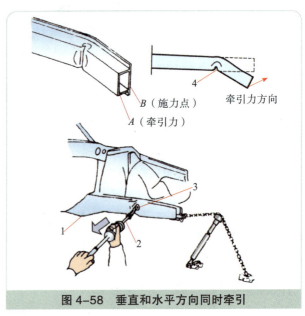

图 4-58　垂直和水平方向同时牵引

1—前纵梁；2—反击锤；
3—拉环；4—受损部位

2. 车身变形的矫正方法

正确的矫正方法在于，选择合理的牵引方向并准确控制矫正力的大小。

1）水平方向上的牵引

当车身受到较严重的正面碰撞、追尾碰撞或侧向冲击时，都需要从水平方向上对变形构件进行牵引。

图 4-59 所示为轿车前车身正面碰撞损伤的实例。矫正前应先测量变形状况，记录有关数据，如对角线 A、B 和左右的垂直弯曲等。属于图 4-59（a）所示的情形时，可斜向牵引变形最大的左梁的端部，左端的变形和右梁的弯曲自然会同时得以矫正。所设定的牵引方向应视变形的实际情形而定。如果纵梁变形向外倾，应将牵引方向适当向外倾斜一定的角度；如果变形是向内倾的，只需向前牵引即可，待弯曲的构件展开后再确定是否需要调整牵引方向，如图 4-59（b）所示。

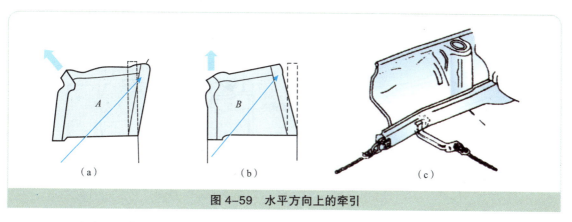

图 4-59 水平方向上的牵引

（a）斜向牵引；（b）正向牵引；（c）水平方向牵引时可视情况附加横向矫正力

车身受到侧向冲击的危害性很大，严重时可使车身整体弯曲，矫正方法如图 4-60 所示，即像扳直一根铁条那样从三个方向进行牵引。

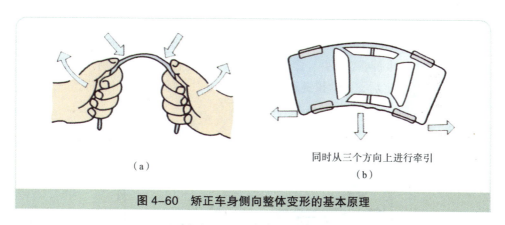

图 4-60 矫正车身侧向整体变形的基本原理

（a）原理；（b）加力方向

2）垂直方向上的牵引

当车身在垂直方向上发生变形时（其中包括扭曲），就需要进行垂直方向上的上、下牵引。

对于前翼子板上扬一类的变形，可以采取图 4-61（a）所示的牵引方法装配拉链，将向上变形的车身构件向下牵引。进行向下牵引的操作时，车身构件将于三点承受两个不同方向上的作用力。门槛处的车身固定点 C 和牵引端 A 一样，都承受着垂直向下的拉力；而位于构件中间的支撑点 B 则承受着垂直方向上的支撑力。根据力的平衡原理，中间支点 B 所承受的力的大小为 A 与 C 所承受的接力的之和，这与图 4-61（b）所示的对称牵引时的受力存在明显不同。这一分析的意义在于，矫正过程中应十分注意 B 点的承受能力，一方面要选择变形开始的过渡点作为支撑点外，另一方面还要兼顾构件强度的大小，必要时应加垫木块等以减小单位面积上的压力。否则就有可能造成车身构件的损坏，而且也达不到矫正变形的目的。

与向下牵引的意义相同，向上牵引也存在支撑方式和支点的选择问题。所不同的是，中间部位的受力方向与前述的正好相反，应特别注意防止中间支撑部位的二次损伤。

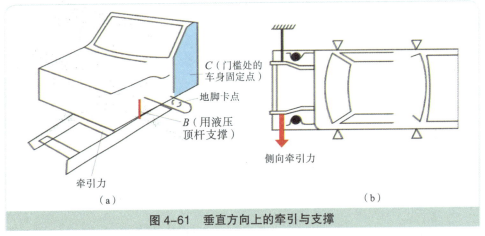

图 4-61　垂直方向上的牵引与支撑

（a）向下方向的牵引；（b）对称方向的牵引

3）车身任意方向折叠的牵引

车身发生冲撞事故后的损伤往往是十分复杂的，车身整体出现任意方向的折叠变形最为常见。

前、后车身发生严重折叠变形并伴随下垂损伤时，最好使用图 4-62 所示的台式矫正系统，利用车身底梁做整体固定后，借助拉链和挂钩分步骤牵引、矫正。牵引和矫正时应从强度较大的构件开始，并首先修复对车身控制点影响较大的部位。

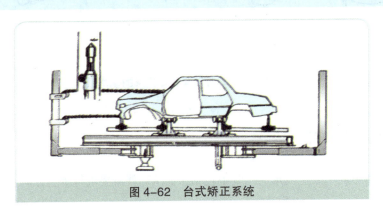

图 4-62　台式矫正系统

图 4-63 所示为车身多处折叠变形并伴随下垂损伤时的矫正。矫正时可先用拉链将变形部位拉紧，再用液压千斤顶将下垂的纵梁适当顶起至正确高度。操作时一定要注意两个方向的牵引同时进行，并且要反复矫正，反复测量，避免发生矫正过度现象。为了防止损伤支撑或牵引部位的构件，矫正时可在受力部位垫以木块或金属衬垫。

图 4-63　车身多处折叠变形并伴随下垂损伤时的矫正

4）车架变形的矫正

对车架变形的矫正方案有两种：一种是就车法矫正，另一种是解体法矫正。前者的车架与车身及底盘的大部分总成，仍然处于基本装配状态；后者则将车架由车上拆下，矫正作业是在工作台上单独进行的。

就车法矫正车架的变形，完全可以参照如前所述的垂直方向和水平方向的牵引方法。但要注意以下几个方面的问题：

（1）矫正变形前应将与车架装配在一起的有关总成的连接螺栓松开（必要时应拆下），以免矫正过程中产生的位移将其损坏。

（2）由于车架强度较高，固定点、牵引点以及支撑点的布置应尽量合理，以防止受到的应力过于集中。

（3）对不适宜就车矫正的变形，应及时改变修复工艺，不要强行牵引以免造成不可收拾的被动局面。

（4）矫正竣工后，还应检查车架各部的铆钉有无松动，发现时应予以拆除并更换。

车架变形的主要形式是弯曲和扭曲。其中，弯曲分为垂直方向和水平方向两种；扭曲则分为扭转和对角扭曲（菱形）两种对于垂直方向上的弯曲变形，可参照图 4-64（a）所示的方案予以矫正；对于水平方向上的弯曲变形，可参照图 4-64（b）所示的方案予以矫正；对车架的扭曲变形，则可参照图 4-64（c）、（d）所示的方案予以矫正。但是，无论哪一种矫正方式，都要使力的作用点避开车架翼面的边缘或腹板的中部。对支撑点的选择亦应兼顾支撑力与矫正力的合理分布。

课题四 钣金基本工艺

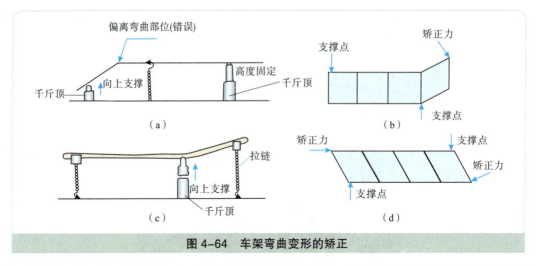

图 4-64 车架弯曲变形的矫正

（a）垂直方向上弯曲变形的矫正；（b）水平方向弯曲变形的矫正；（c）、（d）车架扭曲变形时的矫正；

思考与练习

一、填空题

1. 车身维修的测量，一般分为 _____、_____ 和 _____ 三个步骤。
2. _____、_____ 和 _____ 是车身测量的基本要素。
3. 以 _____ 固定车身，是迄今为止最常见的方案。
4. 车身变形的矫正原理是：充分利用 _____，按与 _____ 大致 _____ 的方向牵引或顶压 _____，使受损的部件得以修复。

二、选择题

1. 下列不属于车身固定优选固定点的是（　　）。
    A．底板梁
    B．车架
    C．A 柱
    D．侧梁
2. 下列不属于车身测量方法的是（　　）。
    A．定中规法
    B．坐标法
    C．测距法
    D．更替法
3. 当车身受到较严重的正面碰撞、追尾碰撞或侧向冲击时，都需要从（　　）对变形构件进行牵引。
    A．水平方向
    B．垂直方向
    C．上下方向
    D．左右方向

三、问答题

1. 焊接方式分为几类？各有何特点？

2. 车身测量的方法有哪几种？各有何特点？

3. 进行手工电弧焊时应注意些什么？

4. 简述等离子弧切割的工作原理。

课题五

汽车车身前部的修复

学习任务 →

1. 掌握汽车车身的前部结构。
2. 掌握车身前部修复的工艺方法及特点。
3. 掌握车身纵梁校正及修复的工艺方法。

技能要求 →

1. 能够正确判断车身前部损伤的情况。
2. 能够正确运用车身校正方法对车身的扭曲、凹陷等损伤进行修复。
3. 能够正确使用各种校正工具及设备。

任务一　车身前部纵梁损伤的修复

一、汽车车身的前部结构及测量控制点

车身前部是汽车的重要部位，在随车文件中可以查阅到与汽车车身相关的测量控制点参数。虽然各种汽车的结构略有不同，但提供给操作人员的测量控制点都相差无几。图5-1所示为某型号汽车车身前部的测量控制点。可以利用车身结构的工艺孔或基准孔，例如图5-1中的前翼子板的后安装孔和前地板加强肋下的基准孔等进行测量。

任务一　车身前部纵梁损伤的修复

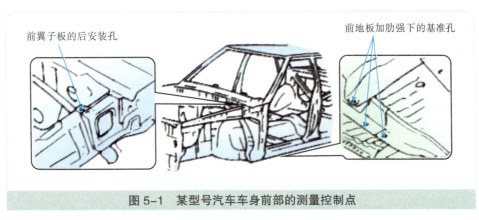

图 5-1　某型号汽车车身前部的测量控制点

1—前翼子板的后安装孔；2—前地板加强肋下的基准孔

图 5-2 所示为某车型车身前部测量控制点。可以通过这些测量控制点进行测量，测量点⑧与点⑨之间的距离，同时测量风窗框另一对角线的距离，并与之比较可以判断前风窗变形情况；如果再测量点⑨与点⑩之间的距离，就可以准确得到前风窗的变形状况。如果需要确定车身前部的变形情况，可以分别测量点①与点②、点③、点④、点⑤、点⑥、点⑦之间的距离，从而判断车身前部变形的情况。如果采用轨道测量器具，可以方便地测量出这些测量控制点的参数值。

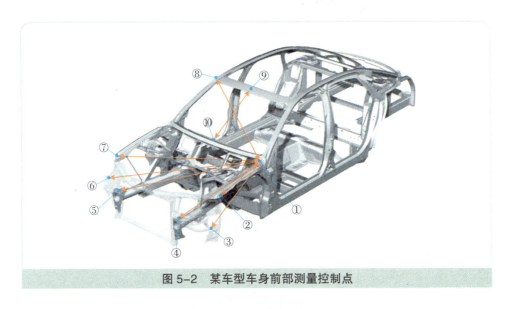

图 5-2　某车型车身前部测量控制点

二、车身前部纵梁对汽车性能的影响

如果汽车是前置发动机前轮驱动形式，汽车的前纵梁结构受到严重碰撞，则车身标准测量点的高度就可能变动了，在修理时要特别注意。如图 5-3 所示，前置发动机前轮驱动汽车的前纵梁的后部有一测量控制点，受损时车身纵梁高度会降低。汽车前部碰撞作用力示意图如图 5-4 所示。

课题五　汽车车身前部的修复

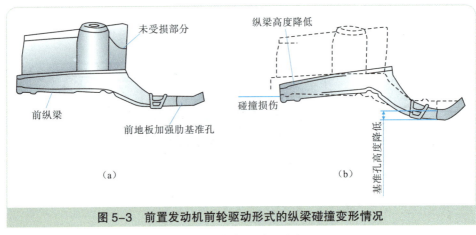

图 5-3　前置发动机前轮驱动形式的纵梁碰撞变形情况

（a）原形状；（b）碰撞后的变形形状

图 5-4　汽车前部碰撞作用力示意图

车身前部受侧面碰撞引起侧面前纵梁弯曲损伤，常常是碰撞力造成纵梁后部的基准向上偏移。因此这些部位的测量控制点在对这些部位的修复矫正时不能采用，如图 5-5 所示。

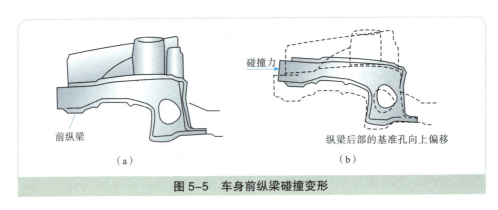

图 5-5　车身前纵梁碰撞变形

（a）车身原形状；（b）碰撞后的变形形状

整体式汽车的前桥是通过减震器座与汽车悬挂机构连接的，车身减震器座与车身纵梁是通过焊接连接在一起的。整体式车身在受碰撞以后，纵梁的任何变形都会导致减震器座的移位和变形。

当汽车遭受碰撞后，减震器座发生位置偏移，下面分析能否通过悬挂系统的机构来进行调整。图 5-6 所示为汽车的前悬挂机构，悬挂机构通过圈式弹簧装在控制臂的顶部，与减震器用螺栓连接，减震器位于圈式弹簧中心，悬挂式的前轿由减震器、支柱和转向销组成一个整体，由圈式弹簧从上端和下部的控制臂（有时称为轨道控制臂或横拉杆）支撑着。这个装置只采用一个球节和转向销的下部相连，通常这个球节不承载负荷，但它是一个随动球节。减震器在支柱座外套内，圈式弹簧装在一个焊接在支柱外套的支座上。减震器的上端用螺栓和车体连接，有些结构支柱套筒是可以拆换的，但有些车辆的结构需拆换整个支柱。由于这样的结构，在前轮校准时，只可以校准前束，因此侧倾和后倾都是固定不能改变的。可以看出，这个汽车前悬挂机构与车身减震器座的相对位置是不可以调整的，这就是说汽车前悬挂机构会因车身前纵梁的变形发生相应的变化，其他悬挂机构的构件都无法修正车身纵梁减震器座的位置偏移。车身纵梁上部的减震器座一般都是由强度较高的金属合金制造的，例如，宝马汽车的减震器座就是用铝镁合金制造的，铝镁合金虽然强度、刚度不如钢制的构件，但可以大大减轻车身的质量，减少燃油的消耗。

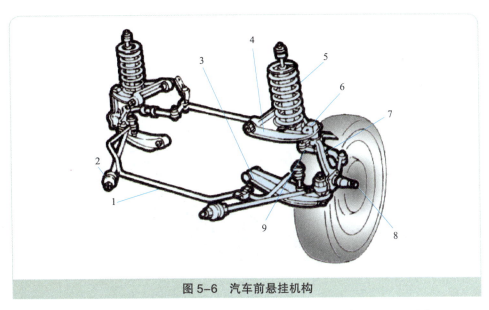

图 5-6　汽车前悬挂机构

1—稳定杆；2—支柱杆；3—下控制臂；4—上控制臂；5—圈式弹簧；
6—上球节；7—转向节；8—转向节轴颈；9—下球节

三、车身前部碰撞情况分析与维修方案

1. 碰撞损伤情况

目测汽车车身前部的碰撞状况，估计车身纵梁受损伤程度。除了进行目测检查外，还需要用检测器具对汽车车身前部的测量控制点进行检查。如图 5-7 所示，先测量车身前部的 4 个测量控制点的对角线，再测量另一个方向对角线的长度，如图 5-8 所示。两次测量的数据进行比较，可判断汽车车身的变形和移位情况。如果检查结果还不能判断车身前部是否产生变形或移位，可以找一辆相同类型的汽车（汽车前部没有损伤的车身）进行比对，也可以在相关技术文件查找有关车身前部测量控制点的数据，采用前面介绍的汽车车身前测量控制点的测量检查方法，对汽车车身的损伤进行评估。

课题五 汽车车身前部的修复

图 5-7　测量对角线长度

图 5-8　测量另一个对角线长度

还可以通过目测汽车车身构件之间的间隙来判断汽车车身的变形、移位情况，例如检查图 5-9 所示的汽车车门之间的间隙是否有不均匀或高低错落的情况。在检查汽车车门时，也需要将车门开闭来检查车门的灵活性，还要检查车门的铰链是否有不正常的间隙。汽车车门是汽车车身的重要构件，也是车身修复时可用来判断车身修复是否恢复功能的重要构件。

图 5-9　通过目测检查汽车车门间隙

2. 车身前部构件的校正和更换

（1）汽车车身前部是汽车总成、构件、附件最多的部位，在进行车身前部校正前需要拆除这些总成、构件和附件，如图 5-10 所示。

图 5-10　拆除车身前部各总成、构件和附件

（2）汽车车身前部的修复工作内容主要是校正汽车车身前纵梁。车身前左、右纵梁都设计了汽车车身的碰撞吸能结构，如图5-11所示，在汽车前支架的后面有一段带有凸出形状的结构，当汽车碰撞后，这些部位受碰撞力冲击首先变形，吸收能量。汽车车身前部也设计了吸收能量的结构，如图5-12所示有圈的部位都是具有吸能作用的车身结构。操作人员在拆除车身前部构件时，应注意检查车身的各个构件，特别是车身的前左、右纵梁的变形情况，与此同时还要进一步用测量器具对车身前部的测量控制点进行测量，判断前部车身的损伤情况。

图5-11　纵梁碰撞吸能结构

图5-12　车身前部吸能结构

汽车车身前左、右纵梁的结构略有不同，图5-13所示为车身前右纵梁，图5-14所示为车身前左纵梁。车身左、右纵梁是本任务中校正的主要构件。

图5-13　前右纵梁

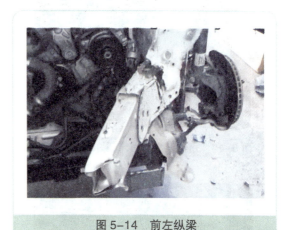

图5-14　前左纵梁

（3）汽车车身纵梁的变形与移位不仅会影响汽车车身减震器座的位置（见图5-15），还会影响车身翼子板的安装和定位。翼子板是安装在车身纵梁上面的支架上的，所以车身纵梁的校正对车身前部其他构件的定位和安装都是非常重要的。修整减震器座如图5-16所示。

课题五 汽车车身前部的修复

图 5-15 测量减震器座的位置

图 5-16 修整减震器座

（4）如果汽车车身右纵梁前接板已明显变形，则必须更换。只有更换这个支架接板，才更有利于对车身纵梁的整形。切除这个支架的工艺操作也较方便，这也是对车身构件修复的一个原则，这就是"先外后内、先难后易"的原则。

（5）车身右纵梁碰撞后的损伤需要整形校正，可以用液压加力装置进行校正牵拉，如图 5-17 所示。车身前纵梁有一定的刚度，牵拉时可在纵梁前部焊接牵拉环，用以辅助液压加力装置改变校正方向，使牵拉更加有效。

（6）若车身纵梁还有一些扭曲变形，可以借助钣金修复锤敲击纵梁，使校正车身纵梁获得更好的效果，如图 5-18 所示。应当注意纵梁上面有没有很合适的着力点，可以选择钣金夹具使牵拉着力点安全可靠，如图 5-19 所示。另外，纵梁上面有些凹陷的位置，也可以选择整形修复机配合进行拉伸修复。如图 5-20 所示。

图 5-17 用液压力装置牵引车身右前纵梁

图 5-18 借助钣金修复锤敲击纵梁

图 5-19 用钣金夹具改变牵拉着力点

图 5-20 采用整形修复机配进行拉伸修复

（7）如果还不能达到校正的效果，则可以变换牵拉着力点，或着力点交替变化进行牵拉，如图 5-21 所示，直到校正整形完全符合要求。

（8）汽车车身纵梁如果受到严重冲击也会造成局部的严重变形。车身纵梁的局部刚度较大，也可以采用微微加热的方法，但应注意加热只是为了使整形更有效果，操作时要防止过度加热造成碳素钢氧化，降低纵梁的强度。整形时可用钣金锤配合，由两名操作人员相互协助进行，这样可以取得较好的效果。

图 5-21　变换牵拉着力点进行拉伸

（9）校正完工以后，需要进行测量检查，判断车身纵梁变形移位是否已校正完成，如图 5-22 所示。按同样的方法测量另一个方向的对角线，将测量数值进行比较，如图 5-23 所示。

图 5-22　校正后测量对角线的长度

图 5-23　校正后测量另一对角线的长度

（10）在进行校正后，可以将车身纵梁前支架接板焊接上，并安装保险杠支架，如图 5-24 所示。保险杠支架一定要安装正确，否则会影响保险杠、翼子板、前大灯、发动机盖等构件的安装。

图 5-24　安装保险杠支架

任务二　车身A柱下部损伤的修复

一、车身前部结构

汽车车身前部结构是车身最复杂的部位，车身前部A柱内侧钣金件、A柱加强件、A柱翼子板和裙部加强件一般都采用焊接的方法。如图5-25所示，箭头所指的构件都可以将焊接点拆除后更换。车身纵梁与车身减震器座也是焊接连接的，图5-26所示为更换车身减震器座后的汽车车身纵梁与减震器座。

图 5-25　车身前部构件的焊接结构

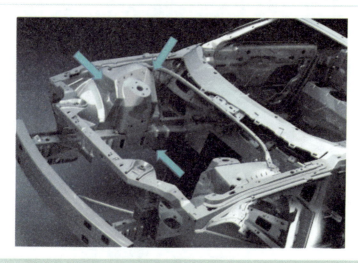

图 5-26　更换车身减震器座后的汽车车身纵梁及减震器座

二、车身前部碰撞损伤修复操作

由于碰撞物不同,碰撞时的汽车车速、碰撞方向、驾驶员应变能力等许多因素,使造成的汽车车身损伤也是不同的。本任务中驾驶员遇碰撞事故时打方向盘,汽车前轮撞击障碍物,造成左前轮严重损伤,并冲击左前柱下加强梁,造成严重损伤,如图5-27所示。汽车车身前部碰撞是发生概率很高的部位,汽车车身纵梁损伤还会影响汽车的其他性能,因此,操作人员应重视车身前部纵梁的修复,掌握修复汽车车身前部损伤的操作工艺,达到恢复汽车功能的目的。

图5-27 车身前部受损情况

1. 拆除车身前保险杠

车身A柱下部严重损伤的修复工艺方案是先将影响校正牵拉的有关构件拆除,这里主要是前保险杠支架和前保险杠。前保险杠的拆除如图5-28所示。

车身保险杠一般由非金属材料制成,保险杠与车身的连接都采用螺栓或配合卡扣、卡环连接。如图5-29所示,与保险杠相关的还有一些其他构件,例如:1为空气导流板,用四个螺栓固定;2为散热水箱格栅,用2个螺栓连接;3为叶子板、挡泥板固定螺钉;4为雾灯电器接头;5为停车辅助传感器等;6为保险杠,用螺栓连接。

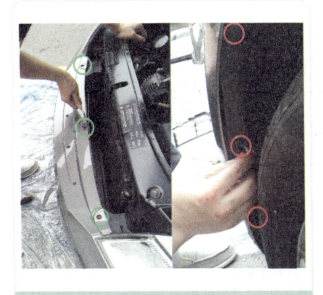

图5-28 前保险杠的拆除

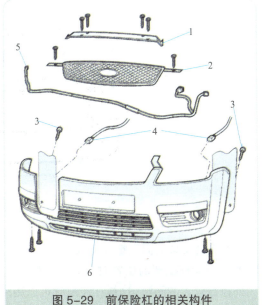

图5-29 前保险杠的相关构件

1—空气导流板;2—散热水箱格栅;3—翼子板、挡泥板固定螺钉;4—雾灯电器接头;5—停车辅助传感器;6—保险杠

车身前保险杠螺栓连接位置一般都是左右对称的，拆除时应注意操作要点。如果螺栓连接处锈蚀，应将工具与螺栓顶部六角螺栓固定套牢后再缓缓用力，直至拆除为止。拆卸下来的前保险杠如图5-30所示。

图5-30　拆卸下来的前保险杠

2. 拆除前保险杠支架

保险杠支架是一个重要的车身构件，它的装配定位是否准确将会影响相关构件的安装。保险杠支架如图5-31所示，图中箭头所指的位置为螺栓连接固定的位置。在拆除保险杠螺栓时，要特别注意保险杠支架的安装情况，也注意不要损坏螺栓安装孔。

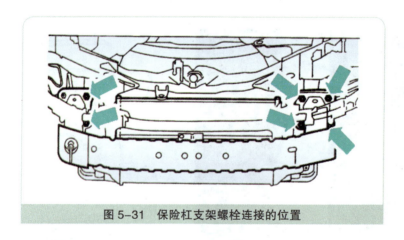

图5-31　保险杠支架螺栓连接的位置

保险杠支架的固定螺栓一般为对称布置，采用六角螺栓连接，两个螺栓为上、下设置。因此，在调整保险杠支架的位置时，应同时松开这两个螺栓才能进行调整。支架上用于固定的孔与螺栓的外径有较大的间隙，这样在装配时可以用来调整保险杠支架的位置。因为保险杠上的其他附件（如前大灯）的位置都与保险杠支架的位置有关，处理不好会影响前大灯与前引擎盖的安装与间隙。

图5-32所示为拆除保险杠支架的固定螺栓，拆除时应特别注意检查是否有损坏的情况。检查发现保险杠支架右端受碰撞断裂，这说明汽车车身的碰撞影响到汽车车身的右侧。因保险杠并没

明显直接碰撞的痕迹，修理人员应更加重视对这些部位的测量，进一步判断车身损伤的情况，并对车身修复工艺作出修正。

图 5-33 所示为拆除保险杠支架。在车身修复过程中，常常有这样的情况，即在决定修复方案时并不能十分准确判断损伤的部位和构件，需要在拆除一些构件后才能判断车身损伤的情况，有时还需要再拆除一些相关的构件才能确定车身构件损伤或损坏的情况。

图 5-32 拆除保险杠支架的固定螺栓

图 5-33 拆除保险杠支架

3. 固定车身

车身 A 柱下部严重损伤的主要修复方法是校正牵拉。在拆除了影响校正牵拉的前保险杠及支架以后，还需要将汽车固定。

4. 校正拉伸

造成车身 A 柱下部严重损伤的碰撞冲击力的方向是车身前左侧，因此，校正牵拉的方向应与冲击力方向相反。采用轻便的液压加力装置，按图 5-34 所示的设置方向进行牵拉，牵引连接点如图 5-35 所示。

图 5-34 采用轻便的液压加力装置进行拉伸

图 5-35 牵引连接点

车身 A 柱损伤的校正往往不是在一个方向就可以校正完成的。如图 5-36 所示，经过校正牵拉之后，车身 A 柱的裂缝仍不能合缝，因此，必须改变牵拉方向才能进一步校正。在牵引过程中配合钣金修复工具及时对受损部件实行敲击、整形修复，如图 5-37 所示。

图 5-36　改变牵拉方向

图 5-37　敲击、整形修复

为了使牵拉有较好的修复效果，除了要更换拉伸的方向外，还需要更换拉伸的位置。在拉伸的同时不断观察修复效果，并与钣金修复工具配合修复受损件。在修复受损部位时，因这些部位的构件都不再更换，在操作时一定要边牵拉边观测校正情况，如果位置不正确应立即更正。如果产生过度拉伸或出现新的构件损伤，其后果将无法挽回。牵拉的方向应有利于裂缝的合缝，如图 5-38 所示。

汽车车身构件都是由薄金属板冲压而成的，虽然车身构件经过组合焊接，但在车身校正牵拉的构件上仍存在着回弹，因此，在校正牵拉时应按"牵拉→保持→再牵拉→再保持"的操作步骤。在牵拉过程中，同时用铁锤锤击构件变形或需要校正的部位，如图 5-39 所示，这样可以消除构件的凹陷、曲折，并能消除构件的内应力，特别是间接损伤可以通过这样的操作工艺得到恢复和校正。

图 5-38　牵拉的方向应合适

图 5-39　用铁锤辅助校正

汽车钣金件校正是一个重复循环操作的过程。校正厂需要改变牵引在车身上的着力点。比如在车身 A 柱下方牵引后，再将牵引拉点移到 A 柱损伤部位的上方进行牵引，这样会取得更好的效果，待校正工作完成后，应取出其他安装件进行位置比对，看校正是否成功，如图 5-40 所示。如果间隙、位置符合要求，此时就可对修复件进行点焊定位，如图 5-41 所示。

图 5-40　位置比对

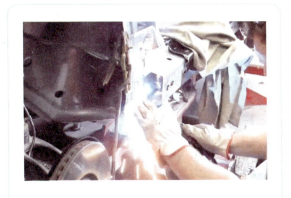
图 5-41　点焊定位

在校正牵拉完工以后，应立即喷涂钣金防锈剂，防止校正后的部位腐蚀，如图 5-42 所示。

图 5-42　喷涂钣金防锈剂

5. 车身前部的校正检查

由于汽车车身前部构件是车身的重要构件，因此不仅在校正过程中要进行测量，而且在校正完工以后，还必须对构件的重要测量控制点进行检验。经过检验无误后，才可以进行车身其他构件的安装。

6. 车身前部构件的安装和调整

汽车前部 A 柱下方损伤部位修复以后，车身前部构件的安装也是车身修复的重要内容。车身前部是车身构件接缝最多的部位，这些部位的构件相互间的位置和间隙是可以调整的，因此，虽

课题五　汽车车身前部的修复

然经过修复，也经过测量，且测量控制点符合整形的要求，但如果构件的安装不正确，仍会出现问题。汽车车身前部又是最直观的汽车部位，这些部位的间隙都直接关系到美感与使用等。因此，需要操作人员予以重视。

认真检查将要安装的车身前部构件是否符合要求，对有局部损伤的构件进行整形修复。与本案例相关的部件也要仔细检查，看构件之间的装配是否完全符合要求。如图5-43所示，车身前门的间隙经仔细检查后发现略有高低落差，需要调整。

在车身修复工艺中，更换车身损坏构件和安装相互关联的车身构件是整形调整的主要内容。本任务中主要是车身左侧A柱下方损坏，所以可以先试装车身左侧翼子板，如图5-44所示。在试装车身左侧翼子板时又发现翼子板与车门的上下间隙不均匀，需要调整。翼子板与车门间隙的调整可以通过对门铰链的间隙调整来解决。车门有上、下两个铰链，只要松开车门铰链就可以进行车门间隙、车门上下位置的调整。

图5-43　车身前门间隙略有高低落差

图5-44　试装车身左侧翼子板

如果通过调整车门铰链仍不能解决车门的间隙问题，则可以采用液压工具继续进行拉伸调整，直到调整至合适尺寸后再进行安装，如图5-45所示。

（a）

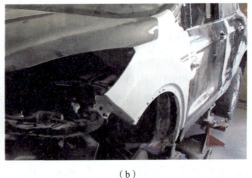
（b）

图5-45　拉伸调整并安装

（a）拉伸调整；（b）安装

前保险杠支架的位置是可以调整的，另外装在保险杠支架上的构件也是可以调整的。因此，在试装这些构件时，不要一步就将所有的固定螺栓都固定，而是先将各个构件相对定位，确定位置符合装配要求以后再加力固定。

车前大灯的安装位置与汽车发动机盖、翼子板、前保险杠都存在间隙配合的问题，因此需要认真试装。如果发现发动机盖、翼子板、保险杠的间隙不对，可以调整保险杠支架。保险杠支架端部有两个孔，孔的大小与螺栓的直径有可以调节的间隙，利用这个间隙可以调整保险杠支架的位置，使其他车身构件的间隙调整到合适的位置。车身前部的构件一般都是对称布置的，因此在试装时，试装了前左翼子板、大灯后，还应试装前右翼子板和大灯。在翼子板、发动机盖、前大灯安装位置正确和相互间隙都符合要求后，再相对固定即可。最后，再试装前保险杠，如图 5-46 所示。

图 5-46　试装前保险杠

在试装完工以后，可以将各构件按装配要求进行固定，并再次检查各构件的装配是否符合要求，如图 5-47 所示。最后还要检查发动机盖开闭是否灵活，发动机盖与四周不能有不必要的间隙。试装完工后就可以交涂装操作人员进行涂装作业。

图 5-47　检查各构件的装配是否符合要求

课题五　汽车车身前部的修复

思考与练习

一、填空题

1. 车身前部是汽车的重要部位，在随车文件中可以查阅到与汽车车身相关的_____参数。

2. 车身_____受侧面碰撞引起侧面前纵梁弯曲损伤，常常是碰撞力造成_____的基准向上偏移。

3. _____车身在受碰撞以后，_____的任何变形都会导致_____的移位和变形。

4. 车身前部 A 柱内侧_____、_____、_____和裙部加强件一般都采用_____的方法。

5. 由于碰撞物不同，碰撞时的_____、_____、_____等许多因素，使造成的汽车车身损伤也是不同的。

二、选择题

1. （　　）车身在受碰撞以后，纵梁的任何变形都会导致减震器座的移位和变形。
   A．整体式
   B．分体式
   C．一体式
   D．单体式

2. 翼子板与门间隙的调整可以通过对（　　）的间隙调整来解决。
   A．悬架
   B．门铰链
   C．车门
   D．引擎盖

3. 车身前左、右纵梁都设计了汽车车身的（　　）结构。
   A．塑料
   B．防撞
   C．金属
   D．碰撞吸能

三、问答题

1. 简述车身前部纵梁对汽车性能的影响。

2. 汽车车身校正牵拉的操作要点是什么？

3. 汽车车身前保险杠支架的安装与调整有什么要求与特点？

课题六

汽车车身侧面的修复

学习任务

1. 掌握车门刮伤的修复工艺和修复方法。
2. 掌握车门槛的修复工艺和修复方法。
3. 掌握翼子板修复的主要特点和修复方法。

技能要求

1. 能够调试和使用整形修复机。
2. 能够对车门刮伤进行修复。
3. 能够对车门槛损伤进行整形修复。
4. 能够对翼子板损伤进行修复。

任务一 车门刮伤的修复

汽车常会发生相互碰擦造成汽车车身刮伤,一般经目测检查没有涉及其他车身构件损伤,损伤仅发生在汽车车门外侧,如图6-1所示。对汽车车门刮伤,车身技术人员和主修人员应先确定车身修复工艺方案,判断汽车车门的损伤程度,如图6-2所示。经检查,损伤为汽车车门刮伤(凹陷),决定先安排车身修复(钣金作业),以修复凹陷;后安排涂装作业,修复损坏的涂层。

汽车车门的刮伤如果非常严重,一般采用更换汽车车门总成的方法,汽车车门总成是一个由薄金属材料经冷冲压再经焊接而成的框架结构,车门上的一些部位和结构都有较深的冲压拉深,因此,会造成这些部位的加工硬化。如果受到碰撞,这些部位的金属材料会产生塑性变形、凹陷、破裂等不可修复的损坏,所以常常采用更换汽车车门总成的工艺方法。此案例中,汽车车门的刮伤并不严重,可以使用整形修复机进行整形修复,并可达到"完全恢复"的效果。

课题六　汽车车身侧面的修复

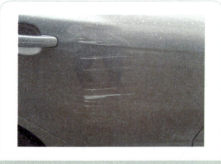

图6-1　汽车车门刮伤

图6-2　检查汽车车门的损伤程度

一、车门钣金修复

1. 车门刮伤（凹陷）的修复

1）车门修复的准备工作

对车门凹陷部位进行打磨，除去涂层以便用焊接将凹陷部分拉出，如图6-3所示。打磨的目的是除去车门上的涂层，这样才能将垫圈焊接在车门的金属基材上。操作时应注意：只需要轻轻地打磨，能见到车门金属就可以了；并要根据车门的凹陷范围，确定需要焊接的范围和部位，判断车门凹陷部位的损伤情况。

汽车车身损伤部位的背面是封闭结构，要对这些部位进行整形，需要在这些损伤部位焊接上垫圈、焊钉、螺柱等。整形修复机一般都具有电流调整的功能，可根据整形修复车身构件的金属板件的厚度和整形时需要的牵拉力调整焊接电流，让这些焊接件牢固地连接在车身损伤部位，然后进行牵拉，修复损伤部位。整形修复机的电源电压为交流220 V，通过内部转换变为10 V左右的直流电。整形修复机有两条输出电缆，一条为焊枪电缆，另一条为搭铁电缆，在工作时两条电缆与汽车车身构成一个焊接回路；把搭铁线连接在车身上，焊枪通过垫圈形成焊接回路，这时焊接电流可以达到3 500 A左右，在垫圈与车身金属板接触的部位产生高温，这个温度让焊接件熔化连接在车身的构件上。图6-4所示为将垫圈焊接在门框上。

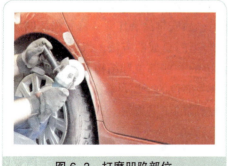

图6-3　打磨凹陷部位

图6-4　将垫圈焊接在门框上

2）整形修复机的焊接回路连接情况

按照上面所述的操作方法，让整形修复机与车身构成焊接回路，如图6-5所示，应尽量靠近车门的损伤部位。

使用整形修复机将垫圈一个一个地焊接在车门凹陷部位，如图6-6所示。需要注意的是：要区别碰撞产生的凹陷哪些部位仍属于弹性变形，一般在直接碰撞部位修复以后，这些部位也会随之恢复到原来的形状。

图6-5　焊接回路连接

图6-6　焊接垫圈

直接碰撞损伤和间接碰撞损伤是有区别的。直接碰撞损伤一般需要修复，而间接碰撞损伤有的需要修复，有的并不需要直接去修复凹陷部位，只要将直接损伤部位修复后，间接损伤部位也就可以恢复原来的外形状态，如图6-7所示。

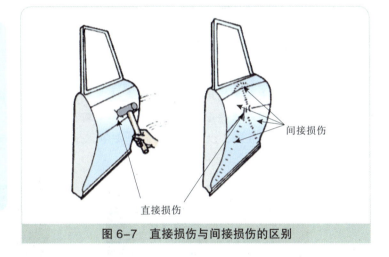

图6-7　直接损伤与间接损伤的区别

2. 车门刮伤修复钣金的操作过程

步骤1

车门为了增加强度和安装附件，常会有一些附加结构，如肋、凹坑、孔等。在对这些部位进行修复时，应注意垫圈的焊接位置，因为这些部位的外形恢复远不如外形为弧形的部位恢复得那样容易。如图6-8所示，操作人员在对车门下沿加强肋进行修复时，应将垫圈焊接在车门的加强肋上。

步骤 2

在车门有加强肋的部位常需要多焊一些用来拉出的垫圈,垫圈之间距离也要小一些,如图 6-9 所示。这些部位的整形要特别注意,如果操作失败可能造成车门修复的失败。

图 6-8 将垫圈焊接在车门的加强肋上

图 6-9 垫圈间距

 步骤 3

使用凹陷拉出器将车门凹陷部位拉出。如图 6-10 所示,将车门凹陷部位用凹陷拉出器活动手柄拉出,拉出操作不应一次就将凹陷部位拉出,而应逐渐通过多次拉动凹陷拉出器的活动手柄,轻轻用力。车门外板都是薄金属板件,像这类轻微刮伤不需要很大的力就完全可以将凹陷部位恢复。

步骤 4

操作凹陷拉出器不能用力过大,以免造成车门金属薄弱部位的过度拉伸。对凹陷部位进行拉出时,还可以用精修锤配合整形凹陷表面,用力也不要太大,并要注意应用精修锤的平面或弧形表面锤击车门表面,以免造成新的锤击印,如图 6-11 所示。

图 6-10 使用凹陷拉出器将车门凹陷部位拉出

图 6-11 用精修锤配合整形凹陷表面

 步骤 5

车身加强肋是为了增加车身板件的强度而设置的,因此,这些部位的变形在修复时较为困难,在操作凹陷拉出器修复加强肋时要采用合理的工艺方法。如图 6-12 所示,在车门加强肋部位多焊接一些垫圈，并且垫圈间距小一些，在进行拉出整形时可在垫圈中穿一根金属棒，这样操作拉出时，可以在较长的距离上均匀用力，使凹陷部位的加强肋受力均匀，整形成更符合原车门的弧形。

步骤 6

使用凹陷拉出器将车门凹陷部位拉出恢复车门的弧形。在确认车门弧形符合要求后，需要注意的是车门的弧形应不得有高于车门弧形平面的任何突出点；然后将焊接在车门上的垫圈全部除去。图 6-13 所示为取下垫圈。

图 6-12 车门加强肋的整形

图 6-13 取下垫圈

步骤 7

车门弧形表面虽然经凹陷拉出器修整，但仍然不符合涂装表面的要求，因此必须进行打磨。在打磨过程中，抛光机的抛光面应选择直径为 177 mm 的砂轮，转速为 4 000 r/min，使用粒度为 16 号的砂轮清除旧涂层；使用粒度为 24 号或 36 号的砂轮清除车门上焊接残留金属；根据车门表面的粗糙程度选择合适粒度的砂轮，对车门表面进行打磨抛光，如图 6-14 所示。

图 6-14 抛光机打磨

步骤 8

涂层修复的车门表面不能有突出的平面或点。因此，在整修车门表面时，可以用精修锤配合反复整修打磨，直至符合可以进行涂装的表面要求为止。

步骤 9

车门凹陷部位经整形修复后，车门的弧形要完全符合原车门的弧形。为了给涂装工序创造

课题六 汽车车身侧面的修复

能作业的表面，还需要进一步对车门的损伤部位进行打磨，如图6-15所示。打磨的目的是能给涂装工序提供一个平整、有一定粗糙度的表面。车门表面的弧形不能有突出的凸出点，凹陷点也不能太深，整个弧面平顺，不得有明显的折线或其他明显的缺陷。打磨不能只限于车门的凹陷部位，而应围绕凹陷部位打磨一个范围，这是为了在涂装的新涂层与旧涂层之间形成很好的附着力。打磨是一项细心的工作，在选择工具（砂轮、砂纸）等方面要不断总结经验，力求取得最好的打磨效果。

图6-15 再次打磨

步骤10

车身修复人员和车身修复检验人员要仔细检查经过打磨后的车门表面，并要从多个角度仔细观察弧形的变化，不能有会产生折光的不平痕迹，否则在经涂装后的车门表面一定会反映出来。这是因为涂装后涂层的表面光亮得像镜子一样，任何不平的弧形表面都会产生明显的折光，让观察者一眼就能看出。

步骤11

车门整形完工以后，还应进一步检查车门是否开闭灵活，有没有其他需要车身修复人员整修的其他部位。因车门钣金修复完工，交给涂装工序后就不能再进行任何钣金作业，故除了车身修复人员检查外，还应由专职的检验员进行详细的检查，并在相关的检验记录表格上签字。

二、涂装作业

涂装人员要对由车身修复人员整修过的车门表面进行详细检查，看是否完全符合要求。如果有不符合涂装要求的车门表面缺陷应向车身修复人员提出，并进行修复；如果有不同意见应由检验人员决定如何处理。如果涂装人员认为可以进入涂装工序，那么以后再出现的车门缺陷都应视为由涂装人员造成的。如图6-16所示，涂装人员在进行涂装作业。

对车门凹陷部位进行涂装作业，通过涂装可使车门凹陷表面恢复到与原涂层表面一样，看不出任何车身刮伤的痕迹。

图6-16 涂装人员涂在进行涂装作业

车门凹陷的修复进入涂装工序，首先是选择涂料和工艺，一般选择什么品牌的涂料，就应选择这个品牌的工艺。

任务一　车门刮伤的修复

1. 打磨及修饰羽状边

羽状边缘的修磨应引起重视，如图 6-17 所示。这些部位的弧度、涂层损坏部位的涂层坡度是否合适，将会直接影响涂装完工后涂层的丰满、光泽、折光等，这也是涂装人员的关键操作工艺要点。

2. 检查车门有无缺陷

在打磨羽状边的工作中，要检查车门凹陷平面是否还有明显的凸出点，或经涂装仍不能消除的缺陷。如果发现还有缺陷，应请车身钣金修复人员整形或修复，如图 6-18 所示。

图 6-17　打磨羽状边缘

图 6-18　检查并修复缺陷

3. 检查打磨效果

打磨过羽状边的车门表面必须是经涂装后不能有任何缺陷的表面，所以打磨羽状边的范围要比车门凹陷范围大得多，并且用手摸起来坡度不能有太明显的高低落差，如图 6-19 所示。

4. 车门清洁

使用除油剂彻底清除车门凹陷部位的污渍，并检查及评估涂装处的损坏程度和涂层类型。刷涂有机溶剂进行脱脂、除蜡。此车门凹陷部位结构简单，表面弧形平滑，清洁较容易，如图 6-20 所示。

图 6-19　打磨完工

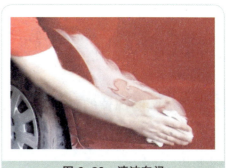

图 6-20　清洁车门

5. 做底涂层

清洁完毕就可以做底涂层。底涂层的作用主要是提供涂层附着力和防锈蚀，底涂层一般不具备填补车身表面缺陷的能力。

调配腻子时先将罐内的主剂调和均匀，黏度一致，以利于刮涂和固化。对固化剂要先打开其管盖将空气挤出，然后拧上管盖，用手掌在管外揉搓，使固化剂均匀。调配时用刮刀把主剂拨在托板上，固化剂按主剂的 1% ~ 4% 的比例加入（参照涂料说明书的要求调配）。调腻子如图 6-21 所示。第一层腻子主要是填平车门凹陷，操作时不要反复地刮涂。此案例车门的损伤并不十分严重，刮腻子如图 6-22 所示。

图 6-21　调腻子

图 6-22　刮腻子

6. 刮涂第二层腻子

汽车车门是平面，因而要用硬刮具刮涂。此层腻子仍以填平为主，该层腻子厚度应比第一层腻子厚度稍薄，局部刮涂时的面积应略大于第一层腻子的面积，刮涂时要注意边缘腻子的平直性，与上一层腻子的接口应错开，即不要使各层腻子的接口在同一部位，以免产生缺陷，如图 6-23 所示。刮腻子时注意刮涂方向，应顺着流线型方向（按汽车造型水平方向），并遵循从上到下、从右到左的原则。刮涂时尽可能拉长一些，以减少刮涂接口；注意腻子层的厚度与原涂面基准点平齐；由于补刮腻子层范围逐渐扩大，对邻近的补刮腻子层，视具体情况可在第二层或第三层刮涂腻子层时连成一片，以减少腻子层的厚度，利于打磨。

图 6-23　刮涂第二层腻子

7. 车门加强肋部位的刮涂

车门下沿有一条加强肋，在这里刮腻子时要特别注意，应选择软的刮具，刮腻子时应随车门加强肋的弧形均匀刮涂。

8. 两块损伤件同时处理

在车门刮伤损坏中，常有两块损伤并不连在一起的情况，要注意的是两块不相连的损伤应同时进行处理。在涂装作业时，刮涂第一道腻子就应同时对两块损伤进行处理，以后每道工序都应同时进行，如图6-24所示。

图6-24 几块损伤同时处理

9. 打磨腻子

腻子层彻底干燥后即可打磨，具体干燥条件参见腻子使用注意事项。打磨腻子时注意只能干磨，不能水磨。因为腻子的吸水性很强，当水磨残留的水分不能很好地挥发时，会导致漆膜起泡，产生"痱子""剥落"以及金属基材锈蚀等现象。打磨腻子层主要是为了获得平整光滑的表面。打磨腻子层可采用机械打磨或手工干磨。机械打磨适用于修补面积较大及平整的底面，可降低劳动强度，提高工作效率，如图6-25所示。手工打磨适用于一些形状复杂的构件部位，如转角、折口、外形线、弧形、凹形部位等。打磨时两种方法可结合起来使用。手工打磨腻子如图6-26所示。

图6-25 机械打磨腻子

图6-26 手工打磨腻子

10. 腻子层的打磨要求

腻子层打磨是使涂装表面上微小的凹坑、砂孔全部消除，使涂装表面既平整又光滑，无缺陷、无砂孔、局部刮涂腻子边缘无接口、外表形状恢复原样。如果车门下沿肋的部位弧形较小，用手工打磨为宜，有利于对弧形面的修正，宜使用P120～P240砂纸。以车身流线型水平方向为主，要注意凸出基材的折线、外形线的平直性，一般不要在垂直方向或斜方向打磨。若基材因具体情况需在垂直方向打磨，最后也要以车身流线型水平方向打磨修整，以防产生垂直方向的打磨痕迹。流线型水平方向的痕迹与车体的流线型方向一致，它们的有机结合肉眼不易察觉；而垂直的痕迹恰恰相反，稍有磨痕即会明显地显示出来。对基材的圆弧、凹角等不宜用手刨砂磨的地方可用拇指夹住砂纸，四指平压于基材上，然后均匀地来回做手工打磨。

11. 除尘、清洁、遮护

使用清洁剂清洁涂装处的油渍和污渍，并使用遮护纸遮护涂装处附近无须喷涂的部位，如图6-27所示。由于施喷中涂底漆所用的空气压力低于施喷面漆的空气压力（以尽可能减少喷涂涂料外逸），所以工件表面的遮护工序比较简单。通常使用反向遮护法来防止产生喷涂台阶。所谓反向遮护法是指敷贴遮护纸时里面朝外，所以沿边界粘有一薄层漆雾。这种方法可以减小喷涂台阶，使边界不太引人注目。

图6-27 车门的遮护

12. 中涂层的喷涂

按说明书规定的比例混合涂料和固化剂，静置5～10 min后喷涂。若喷涂黏度需要调节，则应添加配套的稀释剂，应选用与喷涂环境温度相适应的快干或慢干型稀释剂。喷涂作业应按技术规范要求进行操作。

中涂层的喷涂是非常仔细的操作，操作时要控制好喷枪，如图6-28所示。没有经验的操作人员可以先进行喷枪的试操作，待调整好各种参数（如黏度、压力等）以后，再进行实际操作。

图6-28 中涂层的喷涂

车门的下沿是特别要注意的地方，因车门的下沿有肋等不平的表面，在喷涂操作时，要避免产生流挂、发花等缺陷。

13. 喷涂中涂层双组分涂料

双组分涂料一般喷两层即可达到所要求的厚度。若颜色遮盖力较差，则需喷3～4层，直到全部覆盖为止。

车门表面进行局部中涂层喷涂时，应在第一层面涂层喷涂前，先对局部中涂层的涂面喷涂一薄层，减少中涂层与旧涂面之间的色差，为以后的喷涂打下基础。第一层喷涂时，以0.35～0.45 MPa的喷涂压力，中等速度薄薄地喷涂一层，检查涂面有无缩孔。双组分涂料在施工时，发生缩孔的情况较为多见，这主要是由于涂料中的异氰酸酯对油、蜡和水的敏感性极强，应特别注意操作的方法。

第一层喷涂后，若无任何不良情况，应静置片刻再喷涂第二层。静置时间视环境温度、涂料品种而略有长短，一般待涂面不沾尘时为喷涂第二层涂料的最佳时机。具体掌握尺度可用手指轻轻抚摸用胶带纸封闭部分的漆膜，若漆膜已不沾手即可喷涂第二层。一般第二层喷涂后，喷涂工作即结束，此层喷涂要求涂面光滑、光亮、无流痕、橘皮。因此在配制第二层涂料时，黏度应比第一层涂料略微降低，喷枪移动速度也应略慢，喷涂压力可适当提高0.02～0.03 MPa，使漆粒雾化得更细，以得到满意的光滑涂面。

14. 面涂层的喷涂

在涂层干燥后，中涂层还需要进行打磨，如图 6-29 所示，清洁除尘后，就可以进行面涂层的喷涂。面涂层喷涂的次数可根据涂层覆盖的情况决定，直到完全覆盖为止。面涂层的喷涂是涂装作业的最后一道工序，因此各修理厂都非常重视，常采用专人负责的方式，如图 6-30 所示。喷涂作业中产生的问题也较多，如果对喷涂工具、操作技术参数（如空气压力、涂料黏度、颜色等）没掌握准确可试喷小样，取得技术参数后，再进行大面积涂装作业。

图 6-29 打磨

图 6-30 面涂层的喷涂

15. 色差控制

涂层修复后的车门要与车身的颜色保持一致，在涂层干燥后不得产生色差，如图 6-31 所示。一般是先喷试样板调整色差，确定颜色后才能在车门上进行大面积喷涂操作。

16. 抛光、打蜡

烘烤完冷却或自然冷却后，进行检查，如果需要可使用 P1500～P2000 砂纸打磨，采用湿打磨；如果使用干磨，可以采用 P1000～P1200 砂纸用干磨机进行。

抛光主要是为了增加涂膜的光泽度与平滑度，消除涂面的粗粒、轻微流痕、泛白、橘皮、细微砂纸痕迹、划痕、泛色层等涂膜表面细小的缺陷。抛光处理既适用于旧涂面翻新，也适用于新喷涂面及修补施工；然后可以进行打蜡，如图 6-32 所示。

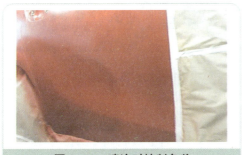

图 6-31 喷涂时控制色差

图 6-32 抛光、打蜡后的车身

涂装完工后应交给检验员、主修人员进一步检查，检查内容主要有：修复的涂层与原有的涂层是否存在色差，修补平面是否平整，是否有明显颗粒、流挂，涂层表面是否饱满，是否有飞漆粘在其他构件表面上等。没有任何缺陷后，就可以交给顾客验收。

课题六 汽车车身侧面的修复

任务二 车身翼子板损伤的修复

汽车碰撞造成翼子板损伤、刮伤是常见的车身损伤。本任务为汽车与其他汽车或障碍物碰剐，造成的翼子板凹陷、刮伤，如图6-33所示。

汽车车身碰撞损伤许多是属于较轻的碰擦损伤，采用整形修复机修复这一类车身损伤是方便可行的方法。这里主要介绍使用整形修复机的整形修复工艺和操作要点，以及车身翼子板碰擦的修复方法。

图6-33 刮伤的翼子板

一、钣金修复

碰撞冲击力不太大的碰擦是常见的车身损伤，对这一类的碰擦修复使用整形修复机就可以使车身得到修复。使用整形修复机应先将车身的涂层除去（见图6-34），使车身与整形修复机构成焊接回路，这样才能进行整形垫圈的焊接等操作，如图6-35所示。

图6-34 去除车身涂层

图6-35 连接焊接回路

车身碰擦修复步骤如下。

步骤1

在修复这类凹陷操作时，需要先用精修锤进行整形，如图6-36所示。这样可使损伤部位"松弛"下来，便于进行下一步的整形修复。

任务二 车身翼子板损伤的修复

步骤 2

采用整形修复机专用工具进行翼子板的凹陷拉伸整形。拉出凹陷时（见图6-37）一定要注意不能操之过急，过度拉伸不仅不能很好地修复凹陷，而且会让修复工作无法进行。

图 6-36 用精修锤进行整形

图 6-37 凹陷拉伸整形

步骤 3

翼子板虽然经凹陷拉伸器修整，但仍然不符合涂装表面的要求，因此必须进行打磨。打磨时根据车门表面的粗糙程度选择合适的工具对翼子板表面进行打磨、抛光，如图6-38所示。

图 6-38 打磨、抛光翼子板

步骤 4

车身翼子板整形是一个循序渐进的过程，在整形过程中需要使用凹陷拉伸器配合精修锤不断地拉伸、锤击凹陷部位，直到达到整平弧形的最好效果。

步骤 5

在整形修复中要反复检查整形情况，如图6-39所示。整形后的翼子板的弧形表面一定要与车身翼子板的弧形曲面相吻合，要特别注意不能有凸出部位，也不能有明显或过深的凹陷。

图 6-39 翼子板不能有凸出或凹陷部位

步骤 6

在整形符合要求后，还须用砂轮机进行打磨，如图6-40所示。打磨后的表面应符合涂装的表面要求。

图 6-40 用砂轮机打磨翼子板表面

课题六 汽车车身侧面的修复

二、涂装作业

车身翼子板钣金修复完工后就可以进行涂装作业，具体步骤如下。

步骤1

打磨羽状边，如图6-41所示。打磨羽状边的范围要比翼子板凹陷范围大得多，用手触摸羽状边时坡度不能有太明显的高低落差，如图6-42所示。

图6-41 打磨羽状边

图6-42 打磨完羽状边的表面

步骤2

清洁翼子板。使用除油剂彻底清除翼子板损伤部位的污渍，如图6-43所示。

步骤3

刮涂腻子。翼子板清洁完毕后就可以刮涂腻子，刮涂腻子的主要作用是填平凹陷部位。刮涂腻子时应随翼子板加强肋的弧形均匀刮涂，如图6-44所示。

步骤4

打磨腻子。腻子层彻底干燥后即可打磨，打磨腻子的作用就是使涂装表面上微小的坑陷、孔洞全部消除，使涂装表面平整光滑，外表形状恢复原样，如图6-45所示。

图6-43 清洁翼子板

图6-44 刮涂腻子

图6-45 打磨腻子

步骤5

清洁、遮护。使用遮护纸遮蔽不用涂装的部位，同时清洁涂装区域，分别如图6-46和图6-47所示。

任务二　车身翼子板损伤的修复

图 6-46　遮蔽无须涂装的区域

图 6-47　清洁涂装区域

步骤 6

喷涂第一层油漆。油漆喷涂时应认真仔细，对涂装表面的一些小缺陷要做到全面的填充和覆盖，如图 6-48 所示。

图 6-48　喷涂第一层油漆

步骤 7

喷涂第二层油漆。喷涂时应掌握操作手法，节奏均匀有序，防止流挂、发花等现象，如图 6-49 所示。

图 6-49　喷涂第二层油漆

步骤 8

烘烤漆面。油漆喷涂完毕后，可对漆面进行烘烤。

步骤 9

抛光打蜡。烘烤完冷却后，拆除遮蔽纸，清洗车身并对漆面进行抛光、打蜡，增加翼子板修复面的亮度，如图 6-50 所示。

图 6-50　给翼子板打蜡

步骤 10

清洗、完工。清洗整个车身，修复完成，分别如图 6-51 和图 6-52 所示。

图 6-51　清洗整个车身

图 6-52　经修复后的翼子板外貌

课题六　汽车车身侧面的修复

任务三　车身车门槛损伤的修复

车身车门槛的损伤常常是因为驾驶员在行车时靠近障碍物太近，或是避让汽车两边车辆而向右或向左打方向碰撞较低的障碍物造成的。

车身车门槛的修复是车身修复的重要内容。汽车车门是车身的重要构件，车门槛是汽车密封和防水的主要构件，因此，需要特别注意车门槛的结构特点，并根据车门槛的结构进行恢复功能的修复。

一、车门槛的结构

车门槛是车身部分有特殊结构的构件。车门槛的结构比较复杂，为了使车门槛具有一定的强度又便于加工，车门槛一般都是由几个不同几何形状的构件组合而成，如图 6-53 所示。

车门槛是一个有台阶的 U 形件，这样的几何形状可以冷冲压成形，如图 6-54 所示；装在车身后，车门槛边缘有一定的强度，这个台阶还可以防止汽车在行驶时水不容易进入车内。修复人员应了解这些结构的特点，采用正确的整形修复工艺方法，恢复其功能。

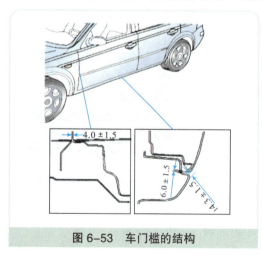

图 6-53　车门槛的结构

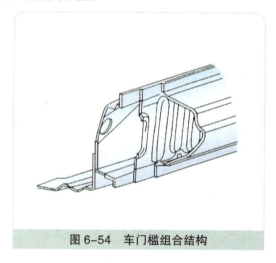

图 6-54　车门槛组合结构

二、垫铁的功用及其操作工艺

垫铁像一个铁砧，它通常用来顶在需要敲击的构件金属板的背面，用锤子和垫铁一起作业，将凸起或凹陷的部位整平。

垫铁有多种不同的形状，每种形状用于特定的凹陷、隆起、凸缘等缺陷的修复。垫铁与面板外形的配合非常重要，假如在高隆起的面板上使用平面或低隆起的垫铁，结果将增加凹陷。通用的垫铁有许多种外形，它可以在多种情况下使用。图 6-55 所示为各种不同形状的垫铁。

在修复过程中使用垫铁，垫铁垫在车身构件内侧，使低的部位升高，或者使各种折损展开。将垫铁作为铁锤的支撑物的操作方法如下。

图 6-55 各种不同形状的垫铁

 方法一

配合铁锤在垫铁上敲击，可用于整平金属板件。当用铁锤敲击时，垫铁都要从金属板上稍微回弹一点，多少会使金属抬高一些。回弹力的大小与施加在垫铁上的压力及垫铁与金属板相接触部分的大小、形状有关。当铁锤在离垫铁最近的地方敲击时，也可以使金属多抬高一些；敲击的部位离垫铁越远，金属板的移动量也越小，如图 6-56 所示。

这种方法适用于修理较小、较浅的凹陷和折损，也可以用这种方法来延伸金属，使其恢复原来的形状。这些情况一般出现在隆起处，为了整平一个折损，可以将垫铁放在金属板的反面折损处的下方，并用铁锤从正面敲击。铁锤对垫铁的敲击将造成垫铁的轻微回弹，因此，垫铁也会从反面敲击金属板。随着垫铁对金属板压力的增大，整平的效果也会更好，如图 6-57 所示。

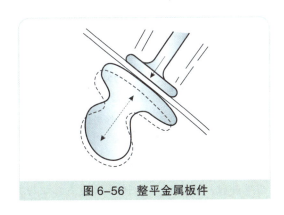

图 6-56 整平金属板件

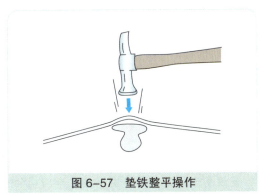

图 6-57 垫铁整平操作

铁锤在垫铁上敲击时，垫铁必须能够接触到金属板的内侧；否则，只能使用整形修复机，或者使用惯性锤和填充剂来修复。

修复时一定要选择形状合适的垫铁，如果垫铁的形状不合适，会导致金属板件产生新的凹陷，如图 6-58 所示。

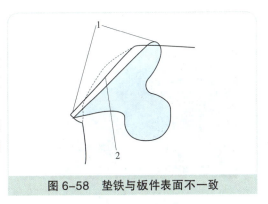

图 6-58 垫铁与板件表面不一致

1—凹陷；2—原来的形状

> 课题六　汽车车身侧面的修复

 方法二

　　铁锤不在垫铁上敲击也有其应用范围。在精整修以前，可以采用这种方法来修整金属板。采用这种方法时，铁锤实际上并没有敲打在垫铁上。将垫铁放在金属板最低处的下面，用铁锤敲击附近的高处，如图 6-59 所示。在这里只能敲击凸显部分。

　　铁锤不在垫铁上敲击的方法一般都用于整平构件的表面或隆起较低的金属板。

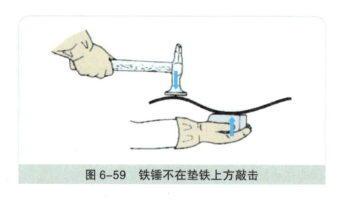

图 6-59　铁锤不在垫铁上方敲击

三、车门槛损伤钣金修复

　　车门槛是一个 U 形带有台阶的构件，这样的结构与平面或弧面结构相比，具有更高的强度，因此一般不容易恢复到原来的形状。车门槛结构在操作时又不能接触到构件的反面，这就给修复带来困难。操作要点是先对车门槛结构件的外形进行整形，然后分几步将凹陷部分分别拉出，配合精修锤整平车门槛表面。待修复的车门槛如图 6-60 所示。

图 6-60　待修复的车门槛

　　车门槛修复步骤如下。

◆ 步骤 1

　　使用整形修复机将垫圈焊接在车门槛的台阶凸缘部位。由于这个加强肋强度高，故焊接的距离要长一些，垫圈也要密一些，并用一根强度较高的钢柱穿在垫圈内，在牵拉时着力点在钢柱上，如图 6-61 所示。如果牵拉力不够，可以借助于液压装置，如图 6-62 所示。

图 6-61　焊接垫圈

图 6-62　拉伸

任务三　车身车门槛损伤的修复

> 步骤 2

车门槛的修复整形牵拉可能不会一次就恢复到原来的形状，在加力牵拉后，用精修锤对车门槛下沿进行锤击整形，如图 6-63 所示。

图 6-63　用精修锤锤击

> 步骤 3

由于损伤面积较大，修复整形应分段进行，待前部分修复完成后应将牵引工具往后移一定的位置，如图 6-64 所示。配合精修锤继续重复循环修复，如图 6-65 所示。

图 6-64　调整牵引工具

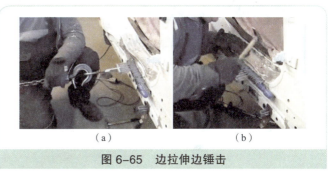

（a）　　　　　　　　（b）

图 6-65　边拉伸边锤击

（a）拉伸；（b）锤击

> 步骤 4

对大的凹陷损伤修复完成后，取下焊接垫片，这时应对修复结果进行测量，如图 6-66 所示。

> 步骤 5

根据测量及评测结构，标记新的拉伸位置对其进行修复整形，如图 6-67 所示。对于一些小的凹陷，这时可以采用整形修复机和精修锤交替对局部进行拉伸整形，如图 6-68 所示。

图 6-66　测量修复结果

图 6-67　标记拉伸位置

图 6-68　用整形修复机拉伸

课题六 汽车车身侧面的修复

> 步骤 6

整形修复是一个循环重复的过程，在整形完全符合涂装作业的要求后，还需要进行打磨，如图 6-69 所示。打磨车门槛表面主要是打磨掉车门槛表面的凸出点，凹陷也不能太深。处理完后（见图 6-70）便可进入涂装作业。

图 6-69　打磨车门槛

图 6-70　钣金修复完工的车门槛

思考与练习

一、填空题

1. 汽车车门的刮伤如果非常严重，一般采用 ＿＿＿＿＿＿ 总成的方法。

2. 整形修复机一般都具有 ＿＿＿＿＿＿ 的功能，需要根据整形修复的车身构件的金属板件的 ＿＿＿＿＿＿ 和 ＿＿＿＿＿＿ 时需要的牵拉力调整焊接电流。

3. 碰撞冲击力不太大的碰擦是 ＿＿＿＿＿＿，对这一类的碰擦修复使用 ＿＿＿＿＿＿ 就可以使车身得到修复。

4. 车门槛是汽车 ＿＿＿＿＿＿ 和 ＿＿＿＿＿＿ 的主要构件。

二、选择题

1. 下列不属于碰撞损伤形式的是（　　）。
    A．凹陷
    B．破裂
    C．变形
    D．风化

2. 下列表述错误的是（　　）。
    A．操作凹陷拉出器不能用力过大，以免造成车门金属薄弱部位的过度拉伸
    B．对于钣金不能修复的凹陷部分可以用大量腻子涂补
    C．用精修锤配合整凹陷表面，要注意用力也不要太大
    D．打磨羽状边的范围要比车门凹陷范围大得多

三、问答题

1. 汽车修复中涂装腻子有什么作用？刮腻子时应注意什么问题？

2. 汽车涂装在进行打磨时，如何选择砂纸？

3. 使用垫铁对车身构件整形的操作要点是什么？

4. 简述直接损伤与间接损伤的区别。

课题七

汽车车身后部的修复

学习任务

1. 掌握汽车车身后部结构的特点。
2. 掌握车身后部修复工艺方法及特点。
3. 掌握点焊的连接方法及工艺。
4. 掌握车身防锈处理方法及注意事项。

技能要求

1. 能够根据车身后部损伤的部位和程度决定修复方案。
2. 能够正确修复和更换车身后部损坏的构件。
3. 能够对车身进行防锈处理。

任务一 车身后部损伤的修复

一、车身后部的结构

车身后部主要是后备厢及后备厢盖,包括外板、内板和加强板。内板和外板的四周采用折边连接方式,而加强梁和支座则是由点焊焊接在后备厢盖上。在内板和外板之间用密封胶密封,确保外板有足够的张力。从车身后部结构可以看出,车身后部的结构相对简单,厢形结构都是由薄金属材料经冲压成形,采用焊接方式组装而成。在修复这些部位的碰撞损伤时,只要保证构件的相对位置正确,符合车身技术文件的参数就可以达到修复的要求。车身后部撞击的作用力如图7-1所示。

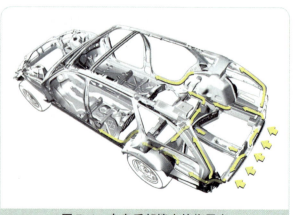

图7-1 车身后部撞击的作用力

任务一　车身后部损伤的修复

发动机前置汽车的车身后部结构分为两种类型：一种是普通轿车后备厢和乘员舱分离；另一种是旅行车和舱背式轿车，后备厢与乘员舱不分开。轿车车身的结构如图7-2所示。轿车的后围上盖板和后座的软垫支撑托架连接在边车身和地板上，围板可防止车身扭曲。旅行车和舱背式轿车由于没有后车身，只能采取加大顶盖内侧后板及后窗上部框架，将顶盖内侧板延伸至后侧板等措施来加强车身的刚度。旅行车车身的结构如图7-3所示。本任务中的损伤是汽车在速度较高的情况下，后部受到冲击碰撞，碰撞部位在汽车车身正后方，造成汽车车身后部严重损伤，如图7-4所示。

图7-2　轿车车身的结构

图7-3　旅行车车身的结构

图7-4　车身后部严重受损

二、后部碰撞损伤的修复操作

汽车车身后部为厢型结构，是由金属薄板材料经冲压成形，然后再经焊接组成的。本任务中车身后部受到很大的冲击碰撞，所以必须采用更换的方法。这些结构采用了点焊的焊接工艺方法，拆除这些构件需要先拆除这些点焊焊接点。

校正、更换车身损坏构件的步骤如下。

步骤1

拆除车身后部损坏构件，必须先拆除后部构件的点焊焊接点，如图7-5所示，用手电钻将

课题七　汽车车身后部的修复

这些焊接点拆除。车身后部构件一般不会有太厚的涂层，所以焊接点一般都会比较清晰。而且车身后部内部的构件并不是车身结构中的承载构件，所以构件也是薄金属材料板件，拆除难度不会太大。

图 7-5　拆除焊接点

步骤 2

汽车车身底部后段的结构由车身底部的后侧梁，从后排座下边延伸到接近后桥，形成上弯结构并延伸到后地板组成。此弯曲结构像前纵梁一样，可以吸收后碰撞时的冲击能量。车身后底板制成凹陷形状，可存放汽车备用轮胎。在图 7-6 中，后车底板 2、后车底板横梁 4、后车底板侧梁 6 一般用较厚一点的金属板件冲压成形。对于这种结构，一般碰撞产生的变形都采用校正修复的方法。如图 7-7 所示，采用液压加力装置进行牵拉整形。

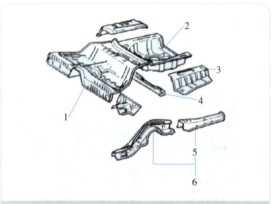

图 7-6　车身底部后段的结构

图 7-7　牵拉整形

1—中央车底板；2—后车底板；3—后车底板至翼子板的延伸板；4—后车底板横梁；5—后车底板侧梁后段；6—后车底板侧梁

步骤 3

车身后部外板遭碰撞严重撕裂变形，校正整形时应先切割该构件。图 7-8 所示为拆下的车身后部外板。

步骤 4

在切割严重损坏的车身翼子板外板时，应尽量保留没有受到碰撞损伤的原车身结构。切割位置也需要根据备料情况确定。切割时应尽量不要产生过多的热量，避免构件产生加工硬化。切割后的车身后部如图 7-9 所示。

任务一　车身后部损伤的修复

图 7-8　拆下的车身后部外板

图 7-9　切割后的车身后部

 步骤 5

切割后的车身后部没有直接损坏部位应进行校正。应先恢复车身后部原厢形结构和外形，校正牵拉的同时可用手工工具配合进行修整，如图 7-10 所示。车身后部底板的边缘必须整平，这样才能保证更换的构件贴合。

图 7-10　整形校正车身底板

 步骤 6

车身后部底板是冲压成形的构件，从图 7-11 可以看出，冲压构件有较大幅度的拉伸，对这类构件的校正有一定的难度。本任务中的车身后部底板变形并不严重，校正牵拉时也应采用"牵拉→保持→牵拉→保持"的工艺方法，切不可操之过急。如果因牵拉而产生新的撕裂，将会造成必须更换构件的后果，而这个部位的更换是非常困难的。整形修复后的底板如图 7-12 所示。

图 7-11　正确的牵拉工艺方法

图 7-12　整形修复后的底板

课题七 汽车车身后部的修复

步骤7

汽车车身后部不能更换的部分应进行校正整形。图7-13所示为对后翼子板内板进行整形。车身构件可以采用多种校正整形方法，图7-14所示为用拉出器进行整形。

图7-13 后翼子板内板整形

图7-14 用拉出器进行整形

步骤8

车身后部与行驶部分密切相关的是减震器座的位置，因此，在整形时，要对车身后减震器的位置进行测量，检查车身变形的情况。对车身后部测量控制点的对角线进行测量，也测量车身的高度来判断减震器的变形量，如图7-15所示；同时也要测量后部纵梁与减震器对角线的长度，如图7-16所示。检查对角线的测量数值，并与维修手册上的参数值比较，以判断汽车车身的变形情况。

图7-15 测量车身的高度

图7-16 测量对角线的长度

步骤9

汽车车身因后部碰撞严重，部分内部构件都有程度不同的变形。这些构件可以通过整形来恢复原来的形状，一般不主张采用更换的方法。因为这些部位的焊接点不容易去除，更换起来会比较困难。

任务一 车身后部损伤的修复

步骤 10

汽车车身碰撞严重，造成一些构件凹陷变形。在车身校正的同时，要注意同时对这些损伤的构件进行整形。车身后部结构不是完全封闭的结构，因此可以很容易地接触构件的背面，整形是容易操作的。图7-17所示为手锤配合枕木进行整形。

步骤 11

车身碰撞后，一些构件会造成凹陷或撕裂，这些缺陷如果不影响车身构件的强度，可以用焊接修补的方法来解决，如图7-18所示。焊接应选择惰性气体保护焊，焊接时注意采用合理的焊接工艺，尽量避免过度加热，以防止构件的金属材料产生新的加工硬化。

图7-17 手锤配合枕木进行整形

图7-18 对撕裂件进行补焊

步骤 12

汽车车身后部结构的校正可以采用牵拉的方法。牵拉时要注意牵拉的方法和牵拉着力点的位置，尽量不要损坏车身构件，如图7-19所示。

步骤 13

在车身校正的同时，还应仔细检查车身构件，如果有影响构件装配的地方还应用砂轮机打磨，如图7-20所示。打磨时，注意不要让构件过度加热，以防构件产生进一步的加工硬化。

课题七 汽车车身后部的修复

图 7-19 牵拉校正

图 7-20 打磨构件表面

步骤 14

在车身校正整形完工以后，应再对车身构件的测量控制点进行精确测量，并确保符合汽车技术文件车身后部的测量控制点参数，这样才能保证车身构件的更换和装配顺利进行。

步骤 15

根据更换部件的位置画线，用以确定更换构件的尺寸。换的车身构件与原车构件应尽量使接缝间隙小一些，这样焊接后可以保证装配质量。

步骤 16

焊接车身后部外板，如图 7-21 所示。装配时先进行点焊将构件相对固定，确定安装位置正确以后再进行固定焊接。

步骤 17

车身左、右翼子板和后围板是一个组合体结构，安装这个组合体结构要充分考虑相互之间的位置，不要急于将某一个构件用焊接固定。如图 7-22 所示，可以先用钣金夹具相对固定，全面调整试装后再焊接定位。

图 7-21 焊接车身后部外板

图 7-22 试安装车身后围板和左、右翼子板

步骤 18

为了保证左、右翼子板与后备厢盖装配间隙符合要求，还应将后备厢盖安装上，如图 7-23 所示；然后检查后备厢盖与翼子板之间的间隙是否都符合要求。

步骤 19

在试装过程中要仔细检查车身翼子板、车身后围板、后备厢盖之间的安装情况，发现有需要调整或打磨修复的应进行修复。打磨修复后应静置一段时间，让整形构件有一个恢复过程，之后再进行检查，必要时还应进一步测量，确定各构件定位安装都符合要求后再进行固定。安装完工后就可以交涂装操作人员进行涂装作业。修复完工后的车身后部如图 7-24 所示。

图 7-23 安装后备厢盖

图 7-24 修复完工后的车身后部

课题七 汽车车身后部的修复

任务二　车身损伤修复中的焊接与防锈

现在不论是高速公路，还是城市道路的状况都比较好，汽车车速明显加快，汽车追尾事故时常发生，强大的冲击力所造成的追尾事故一般都会使汽车车身的前部和尾部严重损伤，如图7-25所示。下面介绍在修复这些受损车身时应如何对其进行焊接和防锈处理。

图7-25　汽车追尾所造成的碰撞损伤

一、焊接处理

两个焊接表面之间的任何间隙都会影响焊接电流的通过，如图7-26所示。虽然不消除这些间隙也可进行焊接，但焊接有效部位将会变小，从而降低焊接强度。因此，焊接前要将焊接表面的金属整平，以消除间隙，最好用一个夹紧装置将两者夹紧。在汽车车身构件修复焊接中采用的是惰性气体保护焊，也存在两构件表面间隙问题，所以在焊接前对焊接在一起的构件进行整平是保证焊接质量的重要手段。

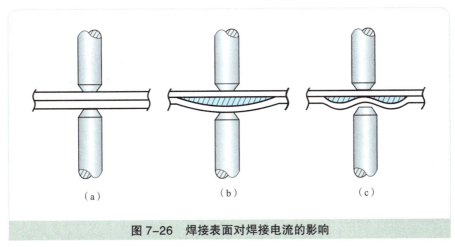

图 7-26 焊接表面对焊接电流的影响

(a)正确；(b)错误；(c)错误

焊接表面的清洁也是非常重要的。为了保证焊接质量，需要清洁焊接金属表面上的涂层、锈斑、灰尘或其他污染物，否则，会因焊接电流的减小而导致焊接质量的降低。在对构件金属表面进行防锈处理时，可将防锈剂均匀地涂在构件的金属表面上，以确保焊接质量。

在进行构件的更换操作时，点焊的焊点数量也是影响焊接质量的重要因素。修理厂的点焊机功率一般小于制造厂的点焊机功率，因此，与制造厂的点焊相比，修理厂在进行点焊时，应将焊点数增加 30%。如果采用惰性气体保护焊进行点焊、塞焊操作时，应尽量避开原点焊焊接点，并适当增加焊接点。车身上的焊点如图 7-27 所示。

图 7-27 车身上的焊点

在车身修复焊接工艺中，有时也采用塞焊，应先在外面的一个构件上打一个孔，焊接电弧穿过此孔，进入里面的工件，这个孔被熔化的金属填满，如图 7-28 所示。

课题七　汽车车身后部的修复

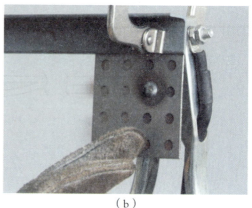

（a）　　　　　　　　　　　　　　　　（b）

图 7-28　塞焊工艺

（a）在构件上打孔，将焊接电弧穿过此孔；（b）观测此孔是否被熔化的金属填满

塞焊是点焊的一种形式，它是通过一个孔进行的点焊。在需要连接的外层母材上钻（或冲）一个孔，如图 7-29 所示。采用塞焊时，应将两个构件紧紧地固定在一起，焊炬和被焊接的表面应保持一定的角度，将焊丝放入孔内，短暂地触发电弧，然后断开，熔融金属填满该孔并凝固。需要注意的是，一定要让熔融的金属深入到下面的构件板。在外层构件板上钻孔的大小和数量可根据金属板件的厚度和要求的连接强度等因素决定。

图 7-29　在外部构件上钻孔

塞焊还可用于将两层以上的金属板焊接在一起。在焊接多层金属板时，应在每一层金属板上冲一个孔（最下面的金属板除外），每一层金属板的塞焊钻孔直径依次小于上层金属板塞焊孔的直径。另外，如果要将不同厚度的金属板焊接在一起，应在较薄的金属板上冲较大的孔，以保证较厚的金属板能首先熔化。当采用塞焊法焊接不同厚度的金属板时，应将较薄的金属板放在上面。

要得到高质量塞焊的要素是：适当的时间、电流、温度和设备的调整，各工件必须紧密地固定在一起；焊丝必须能和被焊接的金属相熔，底层金属应首先被熔化。另外，焊接机的夹紧装置或是钣金夹具必须位于焊接位置的附近。

汽车车身构件焊接有时也采用点焊。点焊是当焊丝瞬间触发时，将电弧引入被焊的两构件之间，使其连接在一起。点焊在车身修复时常用，经常用于构件的定位等，如图 7-30 所示。在汽车车身修复中还常采用搭接点焊和连续点焊的方法。搭接点焊是将电弧引入下层的金属板，并使熔融金属流入上层金属板的边缘，如图 7-31 所示。连续点焊就是一系列相连的或重叠的点焊，形成连续的焊缝，如图 7-32 所示。

图 7-30 点焊

图 7-31 搭接点焊

图 7-32 连续点焊

二、防锈蚀处理

1. 汽车车身的防锈蚀

在整体式车身结构中，锈蚀不仅影响美观，也同时给车身构件带来强度降低、防碰撞性能下降、构件出现早期损坏等问题。整体车身关键的结构部位有很多的焊接处，在那里发生的锈蚀会导致车身构件严重损伤，对整体式车身造成危害，影响汽车的驾驶性能和乘客的安全。

汽车车身锈蚀一般是由车身涂层失效、碰撞损伤或在修理过程的操作错误引起的。车身构件的涂层是整个涂装过程的产物，在汽车制造中形成。涂层失效，锈蚀就开始，如图 7-33 所示。湿气及不正确的表面预处理都会造成涂层失效或脱落。

图 7-33 涂层脱落，车身锈蚀

车身碰撞时，汽车的保护涂层被损伤，这不仅在直接冲击的部位发生，而且波及间接受损的区域，致使接缝拉开、密封松动、涂层开裂成碎片等。

汽车车身修理可能也是损伤保护涂层的重要原因之一。例如在修理中，往往需要用机械方法或焊接车身板件和接缝，即使在局部的矫直和整形过程中也会损伤车身构件的保护涂层，正常的焊接温度会使车身构件表面的保护涂层蒸发而从焊接部位消失；在修理时进行的打磨也会导致保护涂层损伤。所以在所有焊接和修理工作完成后，必须采取措施把各个表面完全密封起来，使构件金属材料与大气隔绝。

课题七　汽车车身后部的修复

▶ 防锈蚀注意事项

（1）在焊接处及受影响的区域尽可能少地去除涂层。

（2）在车身构件修复过程中，不要刮伤任何涂层。如果意外地刮伤，应采取相应的补救措施。

（3）在车身修理过程中，夹紧或固定构件的金属板料时，夹具也会刮伤涂层，必须按防锈蚀措施进行处理。

（4）用胶带纸把车身的门槛及类似部位的任何开口处盖好，以免在磨削、切削或焊接时进入金属屑。

（5）用真空吸尘器除去车身内的金属屑。不可使用压缩空气在车身内除尘，否则，会把金属屑吹到角落而堆积起来。

（6）汽车车身有许多漏水的结构，如图7-34所示。在车身修复过程中应保持这些结构的漏水功能，例如，如果车门和车门槛的底孔在修理过程中堵塞，水就会积存起来。水是造成锈蚀的一个重要因素。

图7-34　保持排水孔畅通

2. 防锈蚀处理的方法

1）基本的表面预处理

车身构件的表面预处理是保证车身构件和其他金属构件能长期耐锈蚀的最重要的步骤之一。如果没有正确的表面处理（特别是裸露的金属），其余的修复工作都是徒劳的。常用的方法一般有以下几种。

（1）清洗污染物。用去油脂剂把带油和油脂的薄膜及其他污染物从金属表面去除，用一块干净的布擦拭表面，以除去污染物。

（2）用金属洗涤剂清洗。使用金属洗涤剂，采用喷瓶把它喷到金属上，然后用清水冲洗，并且用干净的布擦干。

（3）采用转化涂层。这种涂层能形成锌磷酸盐涂层，与金属表面形成化学薄膜，它是底层涂料的理想表面。这种方法适合在镀锌钢板、没有涂层的钢及铝上应用。

2）防锈蚀处理的部位

车身修复工作中必须考虑的防锈蚀处理的部位可分以下5类。

（1）封闭的内表面，包括车身梁和车门槛组件。在修理工作中，所有需要保护的部位以封闭的内表面最为重要。这里包括车身下部结构，如前梁、后梁及车门槛等。这些封闭的车身构件的重要性，在于它们是整体式车身汽车的主要承载构件，这些构件的锈蚀对汽车的防撞性和耐用性有严重的影响。

（2）外露的接头，如后顶侧板、轮罩及后顶侧板至后备厢地板的接头等。必须特别注意车身构件的接头和接缝，这些地方很容易引起锈蚀，这是由于在连接部位上有金属焊接的残留物及水、雪、尘土和泥浆的积聚。一般来说，所有的接头都要涂上车身密封剂，使得构件表面之间不留间隙。

选择和使用接缝密封剂时应注意以下两个方面：

①可涂装性。所有的密封剂必须能够进行涂装，并且能与底层金属形成良好的黏合。在涂装前要使接缝充分干燥，所需的干燥时间取决于密封剂的性质、厚度及周围环境的温度和湿度。

②挠性。对于整体式车身的现代汽车来说，接缝密封剂的挠性非常重要，必须能够承受汽车行驶过程中的震动。

（3）外露的内表面，包括地板、挡板及发动机罩。车身下部的底面和车轮罩内会受到飞石的冲击而损伤涂层，以致发生金属锈蚀。可以用保护蜡等材料对这些部位进行处理。

防锈蚀处理从用去油脂剂彻底清洗开始，一旦表面完全风干，在所有的焊接部位和构件接头喷射第一层蜡或石油基底化合物，然后在整个区域喷上第二层。

（4）外露的外表面，如翼子板、后顶侧板及车门外板等。外表面受石片冲击和刻痕的机会比内表面多，这就是为什么使用转化涂料是很重要的。转化涂层具有类似涂层的黏合作用，在受到石片冲击和刻痕时能阻止涂层下锈蚀的蔓延。

外露的车身下表面的防锈蚀处理步骤如下：

①用去蜡和去油脂剂清洗。

②使用金属洗涤剂。

③用水冲洗。

④涂底层涂料或进行底涂层处理。

⑤使用防锈蚀化合物和消音材料来恢复原汽车车身涂层。

喷涂过多的底层涂料可用干洗溶剂或煤油除去。

（5）外部附件。非铁金属的防锈蚀处理也是很重要的，如铝保险杠及不锈钢和铝制的车身装饰物等之间设置阻隔，用塑料或橡胶制成的隔垫就很适用。安装不锈钢和铝制的车身装饰物时必须注意避免电化学腐蚀。例如，如果安装装饰物时，要在新的或修理过的板件上钻孔，就要在涂底层涂料前把所有的孔钻好，把各孔的内缘完全涂覆。

课题七　汽车车身后部的修复

思考与练习

一、填空题

1. 车身后部主要是_____及_____，包括_____、_____和_____。

2. 发动机前置汽车的车身后部结构分为_____类型：一种是_____后备厢和乘员舱分离；另一种是_____和_____，后备厢与乘员舱不分开。

3. 校正牵拉时应采用_____→_____→_____→_____的工艺方法，切不可操之过急。

4. 喷涂过多的底层涂料可用_____或_____除去。

二、选择题

1. 拆除车身后部损坏构件，必须先拆除后部构件的（　　）。
   A．固定螺母
   B．固定螺栓
   C．点焊焊接点
   D．密封胶圈

2. 下列不属于防锈处理部位的是（　　）。
   A．外露的翼子板
   B．轮毂
   C．外露的挡子板
   D．车门槛组件

三、问答题

1. 汽车车身后部的主要结构是什么？

2. 在修复车身的漏水结构时应注意什么？

3. 如何对车身进行防锈蚀处理？

4. 汽车车身点焊的主要特点是什么？对这些焊接点的修复应注意什么？

课题八　汽车车身塑料件的修复

学习任务

1. 掌握车身塑料件的类型与识别。
2. 掌握车身塑料件的黏结修复方法。
3. 掌握车身塑料件的焊接修复方法。
4. 掌握车身塑料加强件的修复方法。

技能要求

1. 能够根据车身塑料件的损坏类型确定合理的修复方法。
2. 能够独立完成车身塑料件的修复。

任务一　塑料件的类型与黏结修复

汽车上应用的塑料件越来越多，例如后视镜壳、中央置物盒、前后轮眉、门板框、车顶行李架、轮壳罩板、前后踏板、车灯、中网、前后护杠、前挡板、仪表盘等，如图 8-1 所示。

现在的塑料件不仅在强度、刚度和硬度上可以与钢件媲美，而且稳定性高，耐腐蚀性好，同时修复快，省时间。因此，掌握塑料件的维修技术是车身维修人员不可或缺的技能。

一、塑料件的类型

汽车结构中常见的塑料件材料有两种：热塑性塑料和热固性塑料。

热塑性塑料可以通过加热反复地软化和变形，而其化学成分不会发生变化。在加热时变软或熔化，而在冷却时变硬。热塑性塑料件的损坏可以用塑料焊机进行焊接修复，也可以进行黏结修复。

热固性塑料在热量、催化剂或紫外线的作用下会发生化学变化，硬化后形成永久形状，不能

课题八 汽车车身塑料件的修复

图 8-1 汽车上的塑料件

通过反复加热和使用催化剂改变它的形态。热固性塑料件的损坏不能用焊接方式来修复,一般用黏结的方式来修复。

为了获得特定的性能,有时将不同的塑料和其他成分混合在一起形成一种新型的复合塑料,如玻璃纤维加强型复合塑料,通常称为片状模塑料(SMC)。SMC 与传统的材料相比,它质量小、耐腐蚀、耐凹痕,并且较容易修复。

在汽车的各种塑料件上应用 SMC 和其他纤维加强型塑料(FRP)已经很多年了。外部车身板也经常使用加强型塑料,这些塑料件用黏合剂黏结到车身金属骨架上,增加了汽车结构的刚性。

和其他的车身修复工作一样,修复塑料件时要先进行评估,确定该塑料件应修复还是更换。如果在弧形接板或大的塑料板上有小的裂缝、撕裂、凹槽或孔,而这些部件更换成本较高,则修复是合理的;如果塑料件大面积损坏,或者像翼子板喇叭口、塑料装饰件等价格便宜的部位发生损坏,则更换是合理的。简单来说,修复还是更换要由修复人员或评估人员来决定。

如果决定修复,必须确定该塑料件有无从汽车上拆下的必要。为了高质量地修复,必须能够接触到整个损坏区域,如果接触不到,则必须拆下塑料件并进行表面修整。

二、塑料件的识别

不同的塑料件有不同的修复方法,因此对塑料件进行修复前,首先要清楚它是什么类型的塑料,目前识别塑料件类型主要采用编号识别和测试识别两种方法。

1. 编号识别法

（1）识别塑料件背面的国际标准符号或 ISO 码。世界上许多生产商将塑料零件的国际标准符号、ISO 码，或缩略语印制在塑料件背面的一个椭圆标记内，如图 8-2 所示。因此，只要拆下需要修复的塑料件，从背面的标记内识别出其符号或缩略语的内涵，就可知道这个塑料件是什么类型的塑料。

图 8-2　塑料件标记

（2）利用汽车修复手册，查找塑料件的信息。有的生产商编写的汽车修复手册上给出了每个塑料件的塑料类型，有的生产商只给出该车应用塑料的类型。

2. 测试识别法

从编号识别法可以知道塑料件的类型，由于有的生产商给出的信息不完整，为了补救信息缺失，在实际中产生了一些通过测试来了解塑料件的类型和修复方法。

1）黏结测试法

黏结测试法是用焊条在需要修复的塑料件背面或损坏部位进行焊接测试。试用不同的焊条，直到某一种能够黏住为止，一旦发现焊条黏结在塑料件上，就确定了塑料的基本材料，也就是说，可用该焊条进行修补。

2）挠性测试法

挠性测试法是将修复用的塑料制成试件，并与损坏的塑料件共同进行弯曲测试。一般热固性塑料在弯折后不能完全恢复形状，而热塑性塑料弹性较好可以恢复形状。当挠性相同时，两者塑料类型相同，该试件的塑料就可用来修复损坏的塑料件，反之就要再换塑料试件，直到两者类型相同为止。

3）燃烧测试法

燃烧测试法是利用热固性塑料燃烧时不会产生熔滴而热塑性塑料燃烧时会产生熔滴来确定塑料种类的测试。但是这种测试并不总是可靠的，而且燃烧塑料会产生致癌物质，还会对环境造成污染，因此，建议一般不要使用这种方法。

三、黏结修复的类型

1. 溶剂黏结法

溶剂黏结法就是把丙酮或乙酸乙酯滴在结合部位的边缘处，直到材料溶解为止（在呈糊状时材料就结合在一起），此方法用于车顶灯座、侧灯座等小件的修复。对于聚丙烯、聚乙烯塑板件不能使用这种方法，因为丙酮不能溶解这些材料。

2. 氰基丙烯酸酯黏结法

氰基丙烯酸酯（CA）是一种单组分快速固化黏合剂，用来修复塑料件。它们经常在涂敷后的修复材料之前使用，当作填料或将各个部分固定在一起。氰基丙烯酸酯也称为超级胶，能快速黏合塑料件。

3. 双组分黏合剂黏结法

双组分黏合剂由基底树脂和硬化剂（催化剂）组成，树脂装在一个容器中，硬化剂装在另一个容器中。混合后，混合剂可以在零件上固化并与基底材料黏结。在许多塑料件的修复过程中，双组分黏合剂可以代替塑料焊接，而且比单组分的氰基丙烯酸酯强度更高。

黏合剂可以用在所有塑料件修复上，但在修复前必须搞清楚塑料的种类。

四、塑料件黏结修复的方法

1. 黏结修复小划痕和裂缝的方法

塑料件上的小划痕和裂缝通常可以用黏合剂来修复，其修复步骤如下：

（1）用热肥皂水将修复部位清洗干净，然后再用水和塑料清洁剂将修复部位擦洗。必须将表面上的蜡、灰尘或油脂清除干净。

（2）清洗后，用黏合剂工具包对裂缝进行预处理，这个工具包应含有两种成分：速凝剂和黏合剂。将速凝剂喷涂在裂缝的一侧，然后在同一侧涂上黏合剂，使用黏合剂前将塑料件加热到21 ℃。

（3）小心地将划痕或裂缝的两侧恢复到原来的位置，然后快速地用力将它们压在一起。压足 1 min，以获得良好的黏结强度。然后使其硬化 3～12 h（或者根据速凝剂和黏合剂标签上的说明），以获得最大的强度。

（4）如果原有的漆面没有损坏，并且修复部位定位准确，就没有必要重新喷漆。

2. 黏结修复凹痕、撕裂和刺穿的方法

塑料件上的凹痕、撕裂和刺穿的修复比小划痕复杂一些，其修复步骤如下：

（1）用热肥皂水彻底清洗修复部位，然后用浸有除蜡剂、除脂剂和硅树脂溶剂的湿布彻底清洁后擦干。

（2）为了使黏合剂能够良好地黏结，需要对修复部位进行打磨（见图8-3），一般要使用中等粒度的小砂轮进行低速打磨，转速不超过 2 000 r/min。将凹痕等损伤处侧边切成 6～10 mm 的斜面，并打磨粗糙，有利于更好地黏结。每次进行修复时，都应打磨接口的表面以提高黏结性。

图 8-3　打磨修复部位

（3）使用更细粒度的砂轮将修复部位周围的油漆修薄，将油漆边缘逐渐融合至塑料件中。继续清除油漆，使损伤处范围 25～38 mm 的周围内没有油漆（黏合剂不能覆盖到喷过漆的表面上）。

（4）仔细地擦除所有油漆和氨基甲酸乙酯尘屑，修复部位必须绝对清洁。

（5）使用火焰可控的喷灯或烤灯进行加热处理，热处理可以提高某些黏合剂的黏结性能。

（6）用硅树脂溶剂和除蜡剂清洁修复部位的背面，然后贴上汽车衬带（推荐使用一侧带有强黏性和防水衬底的铝箔），完全盖住损伤处，边缘留下约 25 mm 的黏结表面。

（7）也可以用玻璃纤维布块作衬底，而不是用衬带。布块可以保留下来，有利于提高修复部位的强度。将整块布的两侧都浸透黏合剂，这样可以使布块良好地黏结在塑料件的背面，还可以起到密封的作用。

（8）在干净光滑的表面上（如金属或玻璃器皿）准备黏合剂。大多数黏合剂装在两根管子中，挤出等量的材料，均匀地搅动以减少气泡，直到获得均匀一致的颜色和状态。

（9）用橡皮刷或塑料刮刀将黏合剂刮入损伤处。必须小心地快速完成操作，因为黏合剂在 2~3 min 内就会开始硬化。一般需要涂两遍黏合剂，第一遍用来填充损伤处的底部，涂抹时不必担心外部形状。在涂抹第一遍时，一定要尽量多地填满，然后在室温下硬化大约 1 h，如果允许加热

硬化，可使用加热灯或加热枪以 90 ℃的温度加热 20 min 进行硬化处理。

（10）在涂抹最后一遍黏合剂之前，要先用细砂轮将第一次涂抹黏合剂时形成的凸点磨平，并擦净粉尘。

（11）配制第二遍使用的黏合剂，将上述两种材料均匀搅拌，约等 2 min 后，涂抹第二遍黏合剂，将它刮到整个修复部位的轮廓上。用挠性橡皮刷或塑料刮板将黏合剂抹成与塑料件轮廓相接近的形状，如图 8-4 所示。

图 8-4　轮廓形状的黏合剂涂抹

（12）在黏合剂干燥之后，先用 80 号粒度的打磨块将周围区域打磨，然后用打磨机先后装上 180 号砂纸和 240 号砂纸轻轻打磨修复部位，使塑料件表面变得非常平滑。

（13）最后的修薄边和精磨可以用打磨机和 320 号砂轮来进行。当最后的打磨完成后，清除所有的尘屑和松脱的材料，然后就可以对塑料件表面进行喷漆处理了。

3. 黏结修复塑料翼子板的方法

下面是使用双组分环氧树脂黏合剂修复翼子板，具体修复步骤如下：

（1）首先用热肥皂水清洗整个外罩，然后擦干或吹干，再用塑料清洁剂清洗表面，如图 8-5 所示。

（2）为了获得良好的黏结性和修复强度，在受损部位加工出 V 形槽，然后在 V 形槽顶部打磨约 40 mm 宽的斜面，如图 8-6 所示。

（3）用 180 号砂纸和打磨机将受损部位周围的油漆修薄，然后吹去粉尘。打磨后在裂纹终点处钻止裂孔，如图 8-7 所示。

（4）为了加强修复部位，打磨翼子板的背面，用塑料清洁剂清洗干净，然后根据需要涂上一层黏合促进剂。

（5）将双组分环氧树脂黏合剂的两个组分按等量配好，混合至颜色均匀。用塑料刮刀将黏合剂放到一块玻璃纤维布上。

（6）将涂满黏合剂的玻璃纤维布贴到翼子板的背面(见图 8-8)前，在布中再添加一些黏合材料。

（7）在背面得到加强之后，在打磨过的修复部位的正面涂上一层黏合促进剂，等待黏合促进剂完全干燥。

（8）在正面涂抹黏合剂，用塑料刮刀修整黏合剂的形状，以符合翼子板外形（见图 8-9），直至完全硬化。

图 8-5　清洁损伤区域

图 8-6　打磨出 V 形槽

图 8-7 在缺口的周围钻孔

图 8-8 将玻璃纤维布贴到背面

图 8-9 整平黏合剂

（9）先用 80 号砂纸对修复部位进行粗打磨，然后用 180 号砂纸打磨，最后用更细的 240 号砂纸打磨。

（10）如果需要在凹点或小孔中填补一些黏合剂材料，一定要再涂一层黏合促进剂。

五、黏合剂使用的注意事项

使用黏合剂进行黏结修复时，要注意以下几点：

（1）大多数黏合剂产品系列都有两个以上的品种，可用于不同种类塑料的修复。不同的黏合剂不能混用。选定一个产品系列，在整个修复过程中都要使用它。

（2）产品系列通常包括黏合促进剂、填充剂和挠性填料，应根据其说明使用。

（3）有的产品系列适用于特定的基底材料。

（4）有的产品系列可能对所有的塑料都使用一种挠性填料，而有的则可能为不同的塑料设计两种或更多的挠性填料。

（5）黏合促进剂用来处理塑料件的表面，使之可以更好地黏合。某种塑料件是否需要使用黏合促进剂，可以通过一个简单的测试确定。用高速打磨机和 36 号砂纸轻轻打磨塑料件上的隐蔽点，如果出现粉尘，则可以使用上述的黏结法进行修复；如果打磨后塑料件软化并出现油污，或者看起来像涂了油脂或蜡，就必须使用黏合促进剂。许多塑料填料和黏合剂都含有黏合促进剂，使用时需查看它们的说明。

课题八 汽车车身塑料件的修复

任务二 塑料件的焊接修复

塑料件焊接是利用热源把塑料焊条和塑料件熔化后黏结在一起的方法。成功的焊接需要压力和热量都保持恒定且比例平衡,焊条上压力过大往往会拉伸焊缝,温度过高会使塑料烧焦、熔化或变形。

一、塑料件焊接的类型

塑料件焊接修复方法有以下几种。

1. 热空气塑料焊接

热空气塑料焊接使用电热工具(见图8-10)产生热空气(230~350 ℃),通过喷嘴喷到塑料件上。

当使用热空气焊接塑料件时,焊条直径若比被焊接的塑料件厚度大,将会导致焊条熔化前塑料件过热,为了避免由此产生修复后塑料件的翘曲问题,建议使用直径较小的塑料焊条。

热空气塑料焊枪有三种焊头类型,如图8-11所示。

图8-10 热空气塑料焊枪

(1)定位焊头,如图8-11(a)所示,用来在焊接之前对塑料件的断开部位进行临时点焊。临时点焊处可以轻易地断开重新定位。

(2)圆形焊头,如图8-11(b)所示,用来进行短焊、焊接小孔、焊接难以触及的部位以及焊接尖锐的拐角。

(3)快速焊头,如图8-11(c)所示,可以固定住塑料焊条向前递送并自动预热。这种结构可使焊条进入基底材料,从而加速焊接。快速焊头主要用于长而直的焊接处。

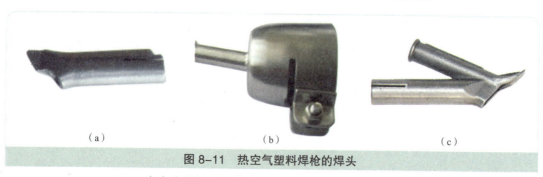

(a)　　　　　　　　　　(b)　　　　　　　　　　(c)

图8-11 热空气塑料焊枪的焊头

(a)定位焊头;(b)圆形焊头;(c)快速焊头

为了满足特殊的需要，一些热空气焊机厂商已经生产出了特殊的焊头和焊条（见图8-12）。一般的塑料焊机的焊接厚度小于3 mm，为防止塑料件产生变形，对薄的塑料件进行焊接时，必须在下面将其支撑住。

2. 无空气塑料焊接

无空气塑料焊接是利用电热元件熔化直径为3 mm的较小焊条，不使用热空气。用较小的焊条进行无空气焊接有助于解决塑料件翘曲和焊条过度堆积这两个难题。

根据要焊接的塑料类型，把焊机（见图8-13）的温度调节旋钮调到所需的温度位置。焊机完全加热通常需要3 min左右。

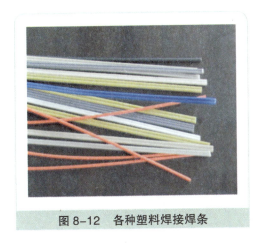

图8-12　各种塑料焊接焊条

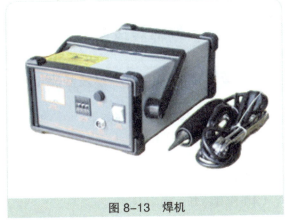

图8-13　焊机

焊条和受损塑料件的材料要相同，否则无法成功进行焊接。许多生产商提供了焊条应用表，根据焊条应用表选定正确的焊条后，最好在焊接开始之前用一小段焊条穿过焊机清理焊头，然后再进行焊接。

3. 超声波塑料焊接

超声波塑料焊接依靠高频振动能量使塑料黏合，而不必熔化基底材料。手持超声波塑料焊接装置的可选频率为20～40 kHz，它适用于焊接大的塑料件和空间狭窄难以到达的区域。

可以用它在单点或多个位置上焊接塑料件。焊接时间通过电源可以进行控制，焊接时间短，几乎不超过0.5 s。

二、塑料焊接的注意事项

热空气焊接和无空气焊接的基本方法非常相似。为了保证塑料件的良好焊接，要注意以下事项：

（1）塑料焊条往往用颜色编码来表明它们的材料，但各生产商采用的编码不一致，因而利用提供的参考信息是非常重要的。如果焊条与基底材料不兼容，则无法焊接。

（2）温度过高会使塑料烧焦、熔化或变形，温度过低则无法将基底材料和焊条熔透。

（3）压力过大会拉伸焊接处并导致变形。

（4）焊条和基底材料之间的角度必须正确。如果角度过小，则无法正确完成焊接。

（5）焊接速度要正确。如果焊枪移动过快，则不会生成良好的焊接；如果焊枪移动过慢，则会烧焦塑料。

（6）焊条必须与基底材料兼容，才能得到与原来的塑料件相同的强度、硬度和挠性。

（7）一定要测试焊条与基底材料的兼容性。测试时，将焊条熔化在损坏部位的隐蔽处，然后使焊条冷却，试着拉离焊条，如果焊条是兼容的，那么它会黏在上面。

（8）不同的塑料有不同的焊接温度，焊接时一定要把焊机调整到所需的温度设置。

（9）不要在潮湿处使用塑料焊机、加热喷枪或类似的工具，小心触电。

（10）要练习到一定的焊接水平后，再进行难度高的垂直焊接和高架焊接。

（11）焊接的表面面积越大，黏合力越强。

（12）开始无空气焊接之前，先用一小段焊条穿过焊机，将焊头清理干净。

三、塑料件的焊接修复方法

1. 塑料件焊接的基本修复步骤

塑料件焊接的基本修步骤序如下：

（1）预处理受损部位。

（2）将受损部位定位。

（3）进行焊接。

（4）使其冷却。

（5）进行打磨。如果修复部位有小孔或空隙，则将该部位的边缘处理成斜面，再次焊接，然后重新打磨。

（6）涂上保护漆。

2. 塑料件焊接中的临时点焊

焊接难以支撑或较长撕裂处之前，要进行小的临时点焊，将两侧固定到位，如图8-14所示。对于较大的区域，可以用一块塑料板制作一个衬板，然后点焊固定到位。

临时点焊按如下步骤进行：

（1）用固定夹将受损的部位固定对齐。

（2）使用定位焊头，沿着裂缝的底部将两侧熔合，形成薄薄的铰接焊，这对于长裂缝特别有用，因为它可以轻易地调整和定位塑料件的边缘。

（3）沿着焊缝进行临时点焊。用力压焊头，确保裂缝的两侧都接触到，沿着断裂线平稳地移动焊头（临时点焊时不使用焊条）。

（4）焊头会熔化两侧，在裂缝底部形成一条细线，熔合在一起的部分会保持两侧对准。

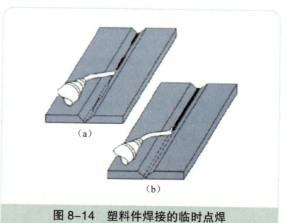

图8-14 塑料件焊接的临时点焊

（a）间歇性焊接；（b）连续焊接

3. 高速焊接

如前所述,高速焊接使用快速焊头,可以用较高的速度进行更均匀的焊接。必须将焊条和基底材料都进行预热。焊条在通过高速焊头的内部滑道时被预热,基底材料由焊头通风口内吹出的热气流进行顶热。

进行高速焊接的注意事项如下:

(1)将高速焊枪的焊头放在起点上方,距离基底材料 75 mm 以上,避免热空气影响塑料件。

(2)将焊条切出 60°角,插入预热管,立即将焊头的尖头放在基底材料的起点位置上。

(3)保持焊枪垂直于基底材料,推进焊条,直到其抵在基底材料上的起点位置。如有必要,稍微抬起焊枪,使焊条移动到焊头尖端下面。

(4)给焊条轻微的压力,只将力作用在焊枪的焊头尖端。然后,慢慢移动焊枪,开始高速焊接,如图 8-15 所示。

(5)在最初开始焊接的 25~50 mm 处,轻轻地将焊条推入预热管。

(6)开始后,将焊枪与塑料件成 45°,焊条此时会推进,不需要施加压力。随着焊枪的移动,检查焊接的质量。

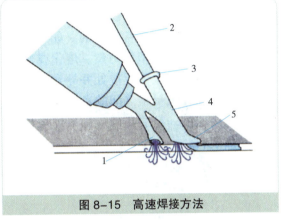

图 8-15 高速焊接方法

1—小孔;2—焊条;3—高速焊头;
4—预热管;5—靴头

4. 熔流塑料焊接

熔流塑料焊接是无空气焊接方法中最常用的一种。它既可以用于单面修复,也可以用于双面修复。熔流焊接操作步骤如下:

(1)将焊条装入预热管,焊头的端部放入 V 形槽。

(2)将焊条固定到位,直到其开始熔化并从焊头端部向外流出。

(3)焊条不能自动进给,要用轻微的力将焊条推过预热管,注意不要过快推进焊条。

(4)慢慢地移动焊头,在槽内来回移动,直到里面填满熔化的塑料。

(5)将熔化的塑料焊入基底材料,特别是 V 形槽的顶部。

(6)一次焊接大约 25 mm,这样可以在塑料冷却前磨光焊接位置。

5. 塑料填缝焊接

塑料填缝焊接主要用于硬塑料,例如 ABS 和尼龙,以确保基底材料和焊条混合良好。

用熔流步骤完成焊接后,移开焊条。翻转焊头,将焊头的尖头端慢慢地移入焊接部位,使焊条和基底材料黏合在一起,将整个缝隙位置填满。填缝后,用焊头的平头端将焊接部位修平滑。

6. 单面塑料焊接

当塑料件损伤轻微或不能从汽车上拆下时使用单面塑料焊接。单面塑料焊接的操作步骤如下:

（1）根据塑料的焊接温度调节焊机上的温度调节旋钮，使其升温至适当的温度。

（2）先用热肥皂水，然后再用优质的塑料清洁剂清洗塑料件。

（3）用固定夹定位断裂处。

（4）在受损部位开V形槽，深度为基底材料的75%。在受损部位的每一侧，使用打磨机或类似工具将撕裂边缘斜削至少6 mm。

（5）清理预热管，然后插入焊条。将焊头放到V形槽上方，推进焊条，开始焊接。慢慢地移动焊头，以便更好地熔合和热透，如图8-16所示。

（6）当整个V形槽填满后，翻转焊头，用焊头将焊条和基底材料黏结在一起，沿着焊接长度将焊条与基底材料形成良好的熔合。

（7）用焊头的平头部分重新将焊接部位修平滑，慢慢地再进行一次。然后用湿的海绵或湿布使其冷却。

（8）用砂轮机将过多的焊痕修整平滑，如图8-17所示。

图8-16　沿焊缝推进焊条

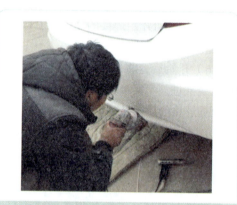

图8-17　用砂轮机将修复部位打磨平滑

7. 双面塑料焊接

双面塑料焊接是强度最高的一种焊接，因为塑料件的两侧都进行了焊接。进行双面焊接时，一定要遵循以下步骤：

（1）等焊机温度升高后，清理预热管。

（2）用热肥皂水和塑料清洁剂清洗塑料件。

（3）将塑料件断裂处对准，用硬刮刀向外将焊接处修光滑。

（4）在受损部位开V形槽，深度为塑料件厚度的50%。

（5）用熔流法焊接塑料件的背面，慢慢地移动以获得良好的熔合。

（6）焊接完成后，用焊头的头部将焊接处修平滑。

（7）用湿海绵或湿布使焊接部位快速冷却。

（8）在原V形槽的反面加工一个V形槽，槽的深度要渗透到第一次V形槽的焊接处。

（9）焊接焊缝，完全填满V形槽。

（10）用打磨机重新修整轮廓。

8. 聚乙烯材料的修复

聚乙烯是一种柔软有弹性的薄塑料，经常涂在内饰件泡沫填料上，常见部件有仪表板、肘靠、车门内部装饰件、座罩和车顶外罩。仪表板或装有衬垫的仪表板成本高，而且更换起来比较耗时，所以，最好对它们进行修复。

1）表面凹痕的修复

大多数仪表板用包有聚乙烯的氨基甲酸乙酯泡沫制成，比较柔软，在碰撞时可以对人进行保护。在碰撞修复中，泡沫仪表板、肘靠或其他带衬垫部件的表面凹痕是常见的。这些凹痕可以按下面的步骤用加热的方法来修复：

（1）用湿海绵或湿布浸入凹痕大约 30 s，使凹痕部位保持潮湿。

（2）使用加热喷枪加热凹痕周围的部位，加热枪距离表面 250～300 mm。从外侧开始，不停地环状移动加热枪。

（3）将修复部位加热至 50～60 ℃（摸起来烫手），过度加热会使聚乙烯起泡，可以用数字温度计测量表面温度。

（4）戴上手套，按压仪表板，朝着凹痕中间按压修复材料。修复部位有时只要加热就可以修复，也可能需要不止一次地重新加热和按压。

（5）当凹痕被消除后，用湿海绵或湿布快速冷却该部位。

（6）在塑料件上使用聚乙烯或防腐剂处理。

2）喷涂聚乙烯漆

聚乙烯漆通常作为表面层快速喷涂。因为聚乙烯漆无法用稀释剂或其他添加剂控制，所以喷涂气压是一个非常重要的因素。

3）加热恢复塑料件的形状

塑料有记忆效应，也就是说，塑料件总是想保持或恢复至原来的形状。如果塑料件轻微地弯曲或变形，对它进行加热就可以使其恢复到原来的形状。许多弯曲、伸长或其他变形的塑料件常常可以用加热的方式进行校正，例如挠性保险杠外罩和汽车内部包有聚乙烯的泡沫件。

重新修整变形的保险杠外罩的步骤如下：

（1）用热肥皂水彻底清洗外罩。

（2）用塑料清洁剂进行清洗，仔细地清除所有的道路柏油、机油、油脂以及内层涂漆。

（3）用浸水的抹布或海绵浸湿修复部位。

（4）直接加热变形部位。使用集中热源，如加热灯或高温加热喷枪。当罩板的另一侧摸起来烫手时说明已经加热得差不多了。不要过度加热表面有纹路的聚乙烯，否则会损坏表面。

（5）如有必要，使用油漆刮板或木块帮助修整。

（6）用海绵或抹布浸上冷水快速冷却修复部位。

任务三 塑料加强件的修复

一、加强型塑料件损坏的类型

承载式车身汽车上使用的加强型塑料件由片状模塑料（SMC）和加强型反应喷射模注聚氨基甲酸乙酯（RRIM）制成，它们为钢制承载式车身提供一层耐用的塑料覆盖件。如图 8-18 所示，车身覆盖件中的推拉门 1、后门 2、顶盖 3、发动机罩 6 采用片状模塑料（SMC）制成，左翼子板 5 和右翼子板 7 采用加强型反应喷射模注聚氨基甲酸乙酯（RRIM）制成。

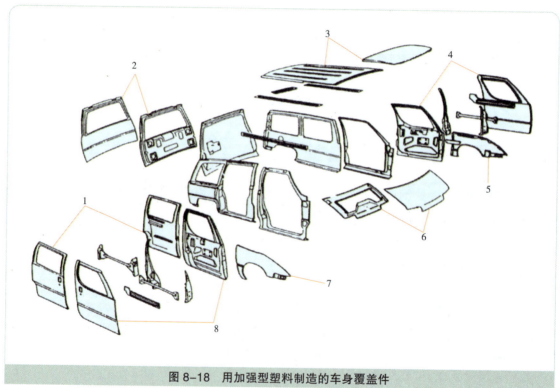

图 8-18　用加强型塑料制造的车身覆盖件

1—推拉门；2—后门；3—顶盖；4—驾驶员侧车门；5—左翼子板；
6—发动机罩；7—右翼子板；8—乘员侧车门

加强型塑料件上发生的损坏一般包括：

（1）单侧损坏，如擦伤或凹槽。

（2）刺穿和破裂。

（3）塑料件从金属空间构架上被拉离。

（4）空间构架发生较小的弯曲和变形。

（5）与空间构架结合的塑料件发生严重打折和弯曲。

二、加强型塑料件修复的工具

加强型塑料件修复用的工具主要是黏合剂枪（又叫胶枪）和搅拌配料器。加强型塑料件黏合剂配料器可以使双组分黏合剂以恒定的速率进行配比。搅拌配料器有气动和手动两种，气动配料器使用压缩空气将黏合剂挤出，手动配料器用手施加压力将黏合剂从管中挤出。使用这两种配料器时，应注意以下事项：

（1）遵照厂家的说明。
（2）检查材料流动是否正确。
（3）检查双组分黏合剂是否混合均匀。
（4）换筒时，需要进行新的测试。
（5）如果仅用了筒内一部分材料，不要拆下搅拌配料器的混合喷嘴。

三、加强型塑料件修复用黏合剂

修复加强型塑料件的材料一般都是双组分黏合剂。双组分黏合剂表示基底剂和硬化剂必须混合才能固化，两者应当按正确的比例混合，在使用前必须搅拌均匀。

在使用黏合剂时不要将金属板填料用在加强型塑料件上，这样的修复将会导致塑料件很快开裂和脱落；在黏合剂开始硬化时切勿移动或碰触，否则会破坏其黏结性能。

四、加强型塑料件修复的辅助材料

加强型塑料件修复用的其他材料主要有填料和玻璃纤维布。

加强型塑料件上的填料是为两种用途特别配制的：装饰填料和结构填料。装饰填料是双组分环氧树脂黏合剂或聚酯黏合剂，用于遮盖小的缺陷。结构填料用来填充塑料件上较大的缺口，同时保持一定的强度，结构填料还可增加塑料件的刚度。

所有的双组分黏合剂都会有一定的收缩率。加热可帮助缩短干燥时间，并消除一些收缩。

玻璃纤维布有几种不同的类型。粗纱型不适用于加强型塑料件的修复，一般选择单向织布、机织玻璃布或尼龙网。玻璃纤维布必须织得足够松，使黏合剂可以完全浸透，确保织纹周围不留空隙。

五、加强型塑料件的修复方法

一辆事故车上常常会发生各种组合损坏。根据损坏的位置和程度，加强型塑料件的修复方法有4种：单面修复、双面修复、塑料件切割和整块塑料件更换。

为了选择修复方法，需要彻底地检查汽车，检查所有受影响的加强型塑料件。首先，检查整个塑料件是否有损坏迹象，然后检查所有的塑料件焊缝是否有黏合问题，还要仔细检查塑料件的背面，确定损坏的范围。

课题八　汽车车身塑料件的修复

1. 加强型塑料件和玻璃纤维的单面修复

单面损坏是指未穿透塑料件背面或未造成塑料件背面断裂的表面损坏。塑料件可能到处都发生了损坏，但没有裂开。如果裂纹清晰并且所有的玻璃纤维都在原位，那么用单面修复就可以修复损坏。

进行单面修复打磨时，必须斜削得很深，穿透塑料件上的纤维。断开的玻璃纤维必须与黏合剂接触良好。加强型塑料件的单面修复操作步骤如下：

（1）用热肥皂水清洗修复部位。
（2）用温和的脱蜡脱油脂清洁剂再次清洗。
（3）用80号砂纸磨去修复部位周围的所有油漆。
（4）刮擦损坏部位周围的区域。
（5）斜削损坏部位，使黏合区域足够大。
（6）根据厂商的说明混合双组分黏合剂。
（7）施加填料，按推荐时间进行硬化。
（8）打磨好填料后，根据需要再涂一层，并打磨成规定的形状。

2. 加强型塑料件和玻璃纤维板的双面修复

当塑料件各个方向都被损坏时通常需要进行双面修复。

将背条或衬板黏合在修复部位的背面，恢复加强型塑料件的强度。衬板还有形成与塑料件原始轮廓相匹配的外表面的作用。

加强型塑料件或玻璃纤维板的双面修复操作步骤如下：

（1）用脱蜡脱油脂清洁剂清洗损坏部位周围的表面。用36号砂轮清除超出维修区域至少70 mm的所有油漆和底漆。
（2）从修复部位的孔中清除所有裂开或碎裂的材料。
（3）从修复部位背面清除所有的污垢、隔音材料等。用还原剂、油漆稀释剂或类似溶剂进行清洗。
（4）用80号砂纸摩擦孔的周围，形成良好的黏合表面。
（5）将修复部位的正面、背面边缘斜削成大约30°，使衬板更好地黏合。
（6）彻底地清洁修复部位。
（7）切割几片（确切的片数取决于原始塑料件的厚度）足够大的玻璃纤维布，盖住孔和被刮擦的修复部位。
（8）根据标签上的说明，准备好树脂和硬化剂的混合物。
（9）用小油漆刷将树脂混合物刷涂到两层玻璃纤维布上。
（10）将黏合剂涂到修复部位的背面，确保玻璃纤维布与孔周围的打磨部位完全接触。

（11）用黏合剂混合物浸透至少两层以上的玻璃纤维布，然后将其放在外表面上，这些布层必须接触到打磨好的修复部位。

（12）当装上所有的布层后，上面会形成一个碟状凹陷，使用刮刀赶出所有气泡。

（13）操作完毕后，工具立即用油漆稀释剂清洗。

（14）涂满树脂的玻璃纤维布固化较慢，可以使用红外线加热灯来加速固化过程。使用时，将灯距离玻璃纤维布面 300～400 mm。不要过度加热修复部位，过多的热量会导致变形。

（15）用 50 号砂纸和砂轮在塑料件轮廓下面轻轻地打磨衬板，将衬板打磨得稍微低于塑料件轮廓，如图 8-19 所示。

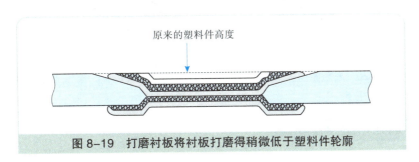

图 8-19　打磨衬板将衬板打磨得稍微低于塑料件轮廓

（16）准备足够多的树脂和硬化剂混合物，用塑料刮刀将其填充到修复部位的凹陷内。

（17）等待衬板硬化，可以用加热灯加速硬化过程。

（18）当衬板完全硬化后，向下打磨过多的材料，直到形成基本轮廓。用 80 号砂纸和磨块，也可以使用 120 号或更细的砂纸精磨。

（19）用金属薄板螺钉将金属板固定到塑料件的背面，同样可以完成双面修复。打磨金属板和塑料件的接合部位，以便黏合牢固。在固定金属板之前，将孔边两侧涂上树脂和硬化剂的混合物。

（20）如果孔深度过大，那么只将玻璃纤维布黏合在孔的外侧。经过一般的清洗和打磨操作后，将孔的外侧再贴几层玻璃纤维布。在其干燥之前，布上会形成一个碟状凹陷；再在碟状凹陷两侧涂上树脂和硬化剂的混合物。

3. 加强型塑料件和玻璃纤维板的切割

修复人员需要在正确的切割部位进行切割。同时要知道如何避免水平支撑、铆钉和隐藏零件出现问题。更换塑料件取决于损坏的程度和位置。

以左后侧围板为例，有 3 种处理方法：定购整块板、只定购前半部位和只定购后半部位，如图 8-20 所示。

因为后侧围板在轮拱处分裂，不能确定切割点在哪里。用适当的背条加强连接处后，几乎可以在任何位置进行切割。

铣垫和钻垫是汽车厂家在黏合剂硬化过程中用来夹紧塑料件的，它们也可用于对更换部件进行固定、对齐和放平。在对塑料件进行切割时，切割位置应当处于铣垫和钻垫之间，如图 8-21 所示。

图 8-20 左后侧围板

图 8-21 铣垫和钻垫的位置

4. 更换加强型塑料件

（1）拆下内饰，露出水平支撑以及铣垫和钻垫。仔细检查塑料件的背面，测量损坏的范围。还要确定水平支撑、铣垫、钻垫以及电气部位、机械部位的位置。

（2）空间构架部件（如电气管线和加热制冷元件）可能在塑料件的背面，将切割深度限制在 6 mm 以内，以避免造成损坏。

（3）窗门被割出后，塑料件的其余部位可以从空间构架上拆下。可以通过加热并使用油灰刀来进行这一操作，也可以小心地使用气动凿分离塑料件。操作时注意不要损坏空间构架。

（4）如果车门周围的板件要保持与汽车的连接，最好不要使用气动凿来分开两块塑料件之间的焊缝，应加热并使用油灰刀来分开焊缝，以避免损坏车门周围的塑料件。

5. 安装加强型塑料件

（1）拆下报废的塑料件后，准备将新的塑料件装入空间构架。首先，从空间构架上清除旧的黏合剂，有时必须加热和使用油灰刀或打磨机从构架上剥离黏合剂。

（2）保留塑料件的外缘要打磨形成一个 20° 的斜角。打磨和清洗塑料件上要黏附背条地方的背面。背条由报废材料制成，并且尽可能地复制原来塑料件的轮廓。背条应超出切割位置的两侧大约 50 mm。清洗背条，在涂抹黏合剂的地方将油漆清除。

（3）测量更换的塑料件是否合适。修剪塑料件的尺寸，再次检查是否合适。在留下的塑料件和更换的塑料件之间留一个 13 mm 的缺口。正确地装上后，将黏合剂涂抹到新塑料件上。在塑料件与保留塑料件相交的位置，打磨出斜面，如图 8-22 所示。

（4）将塑料件周围连续涂上黏合剂，检查支撑是否水平。然后将塑料件安装到汽车上并夹固到位。安装铣垫和钻垫螺母并牢牢地拧紧。

（5）黏合剂制造商会推荐工作寿命，应该遵照这个时间以确保安装正确。

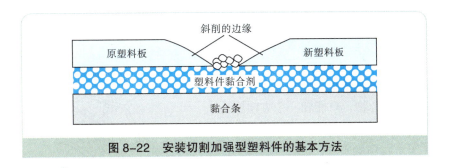

图 8-22 安装切割加强型塑料件的基本方法

6. 使用型芯修复

加强型塑料件曲面部分上的孔修复起来比平面板上困难，最好的修复办法是使用型芯更换法，它是修复曲面最快速、最便宜的方法。型芯通过在部件上涂上黏合剂和玻璃纤维布，硬化后取去，如图 8-23 所示。

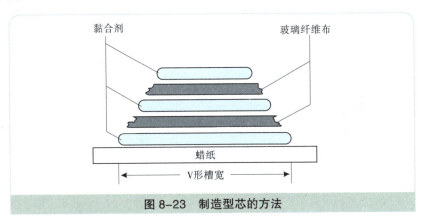

图 8-23 制造型芯的方法

下面以修复后翼子板的例子来说明使用型芯的修复步骤：

（1）从另一辆汽车上选择与损坏的塑料件位置相同的未损坏的塑料件，用它作为模型。所用的汽车塑料件可以是新的或是旧的，但表面必须完好。

（2）在模型上，罩住比受损处稍微大一些的部位。将遮蔽带和蒙纸贴到该部位周围，特别是塑料件的背面，这样可以避免混合物粘到漆面上。

（3）将膏状地板蜡涂在该部位，所有表面都湿涂一层蜡。也可用一张蜡纸代替涂蜡，但要确保蜡纸牢牢地贴好，如图 8-24 所示。

（4）切割几块玻璃纤维布，尺寸比要修复的部位大一些。

（5）按照标签上的说明将玻璃纤维树脂和硬化剂混合。

（6）从模型部位的一个角开始，将玻璃纤维布贴到涂蜡的表面，使每块布的边缘与相邻布的边缘重叠，只使用一层布，如图 8-25 所示。

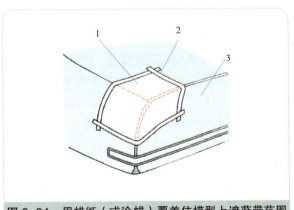

图 8-24 用蜡纸（或涂蜡）覆盖住模型上遮蔽带范围

1—敷上蜡纸；2—遮蔽带；3—保险杠

（7）用油漆刷将玻璃纤维树脂和硬化剂混合物涂到布上，如图8-26所示。用毛刷将该混合物压入曲面和拐角周围。

（8）在边缘和特别的曲面处使用较小的布块。如有必要，可以再涂一层混合物，只能朝一个方向刷。在所有情况下，都只使用一层薄布。

（9）布覆盖了整个包蜡表面后，型芯就制成了，但硬化至少1 h。

（10）型芯硬化后，轻轻地从模型上取下，如图8-27所示。型芯精确地复制了塑料件的这一部分。

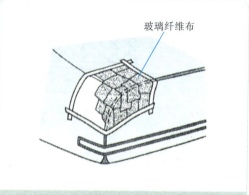

图8-25 将玻璃纤维布贴到包蜡的表面

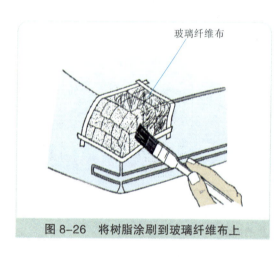

图8-26 将树脂涂刷到玻璃纤维布上

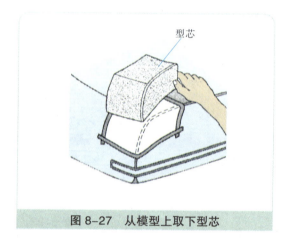

图8-27 从模型上取下型芯

（11）清除型芯上的蜡或蜡纸，然后抛光。

（12）型芯一般比原来的塑料件破损处大一些，所以将其放在损坏的塑料件下面，然后对准。如有必要，在需要调整对准的地方稍微剪去一些型芯和损坏的塑料件。受损塑料件和型芯的边缘还必须进行清洁。

（13）将原来的损坏塑料件边缘研磨成锥面或斜面。

（14）使用黏合剂，在塑料件的背面将型芯黏合到位。

（15）将浸有树脂的玻璃纤维布贴到锥面或斜面上，覆盖住整个型芯。待玻璃纤维布硬化之后，涂一层玻璃纤维填料并将其修平，然后准备开始喷漆。

有些情况下，可能无法将型芯放到损坏的塑料件背面，这时必须将损坏部位切割成与型芯一样的大小，塑料件经过修剪和边缘斜切后，必须装上键片从背面支承住型芯。这些键片可以用塑料件碎片或由浸有树脂的玻璃纤维布制成。清洁并磨光背面部分后，将键片连接到塑料件的背面，然后用黏合剂黏合。可以用卡钳将键片固定到位，将开口边缘削成斜面，然后将型芯用黏合剂黏到键片上。磨去所有的高点，以便贴多层玻璃纤维布。

将浸过的衬布贴到型芯上，超出受损部位40～50 mm。用刮刀除去每一层上的所有气泡。为了固定衬布层，可以用油漆刷再多刷一些黏合剂。等待足够的时间硬化后，将表面打磨修平。为了得到光滑的表面，在喷漆之前，最后再使用一遍玻璃纤维填料。

7. 玻璃纤维加强型复合塑料（SMC）车门板的更换

车门板更换是一项简单的修复工作，因为大多数车门板是由黏合在一起的 SMC 内板和外板制成的。车门外板可以用单面修复法或双面修复法进行修复，或者更换车门外板（车门外板也可以作为维修配件买到）。

车门外板通常稍微盖住内板一些。于是在车门边上形成一条小凸缘。磨去凸缘，露出内板和外板之间的连接处，小心不要损坏内板。

分开车门外板的方法有以下两种。

1）加热并使用油灰刀

（1）用气动打磨机磨去门板凸缘。
（2）将门板边缘加热。
（3）将油灰刀插入门板之间，分开黏合剂。

2）使用气动凿

（1）将凿子插入门板之间，注意不要损坏内板。
（2）凿子开始穿透门板时，将其移开并从外部方向进行分割。
（3）清洁内板的配合边缘，除去松脱的黏合剂、SMC 或玻璃纤维。

两个前门或滑动车门通常在整个长度上都使用超高强度钢进行内部加强。还有一些内部 SMC 加强件直接连接至 SMC 车门外板。拆下车门内板，查看是否有内部加强件。车门里边的前缘和后缘用金属加强件来黏合，嵌入的车梁就用螺栓在这里连接。如果车梁受到撞击，仔细地检查这些部位，看是否有损坏。

课题八 汽车车身塑料件的修复

思考与练习

一、填空题

1. 汽车上应用的塑料件包括 ＿＿＿＿＿、＿＿＿＿＿、＿＿＿＿＿、＿＿＿＿＿、＿＿＿＿＿、＿＿＿＿＿、＿＿＿＿＿、＿＿＿＿＿、＿＿＿＿＿、＿＿＿＿＿、＿＿＿＿＿、后侧围板和发动机部件等。
2. 汽车结构中常见的塑料件材料有两种：＿＿＿＿＿ 和 ＿＿＿＿＿。
3. ＿＿＿＿＿ 是利用热源把塑料焊条和 ＿＿＿＿＿ 融化后黏结在一起的方法。
4. 加强型塑料件修复用的工具主要是 ＿＿＿＿＿ 和 ＿＿＿＿＿。

二、选择题

1. 下列不属于车身塑料件的是（ ）。
   A．挡泥板
   B．仪表板
   C．车门面板
   D．防撞梁
2. 汽车结构中常见的塑料材料是（ ）。
   A．热塑性塑料和热溶性塑料
   B．热塑性塑料和冷塑性塑料
   C．热溶性塑料和热固性塑料
   D．热塑性塑料和热固性塑料
3. 下列不属于塑料件测试识别法的是（ ）。
   A．黏结测试法
   B．压缩测试法
   C．燃烧测试法
   D．挠性测试法

三、问答题

1. 简述塑料件的类型。

2. 简述塑料翼子板的黏结修复方法。

3. 塑料件焊接的类型有哪些？

4. 加强型塑料件发生损坏的情况有哪些？